Recuerdos Inolvidables

Swami Purnamritananda Puri

Mata Amritanandamayi Center, San Ramon
California, Estados Unidos

Recuerdos Inolvidables
Swami Purnamritananda Puri

Publicado por:
Mata Amritanandamayi Center
P.O. Box 613
San Ramon, CA 94583
Estados Unidos

——————— *Unforgettable Memories (Spanish)* ———————

Primera edición por MA Center: septiembre de 2016

En España: www.amma-spain.org
fundación@amma-spain.org

En la India:
inform@amritapuri.org
www.amritapuri.org

Dedicatoria

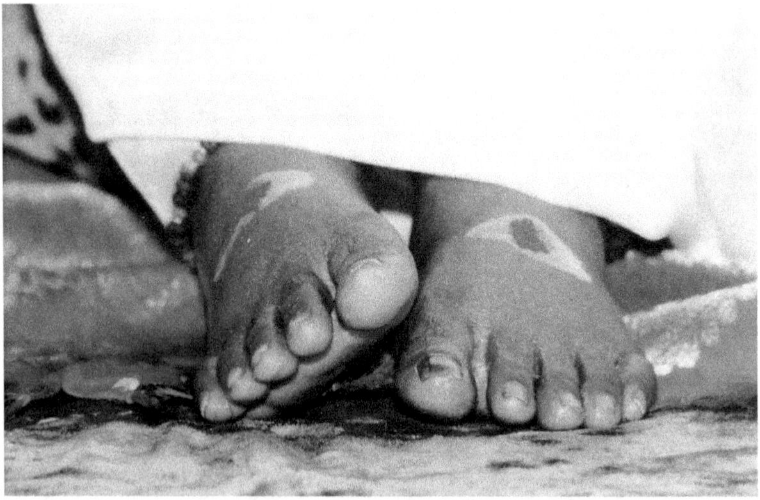

Ofrezco humildemente este libro
a los pies sagrados de mi Satguru,
Śrī Mātā Amritānandamayi Devī.

Índice

Prólogo

Las grandes *gurus* despiertan los grandiosos árboles que duermen en las pequeñas semillas. Amma transforma duras y toscas piedras en brillantes diamantes. En lo profundo de cada corazón reside un bebé que, moviendo las piernas y las manos, grita: "¡Madre! ¡Madre!". Con su caricia, Amma despierta esa inocencia infantil.

En cada palabra de un *mahātma* (gran alma) pueden existir mil significados. El silencio, la mirada y la sonrisa que asoman entre sus palabras están cubiertos de mil pétalos. Cuando cada uno de estos pétalos se despliega se despiertan abundantes recuerdos... memorias inolvidables y revitalizadoras que sobreviven a la muerte.

Vivimos en una era que se está mostrando intolerable, incluso para la Madre Tierra, que todo lo soporta. Sus horrores nos visitan como la ola de un *tsunami* o la vorágine de un tornado. El intelectual se resiste, viendo que la pesadilla está al borde de una catástrofe. Amma llega como el tranquilo beso en la frente, la caricia que consuela, el diluvio de amor en un corazón febril.

Situado detrás del telescopio, el hombre ve los agujeros negros a miles de años luz, pero no es capaz de ver lo que hay dentro de sí mismo. Amma ilumina estas oscuras cavernas.

Las barreras del tiempo y el lugar no suponen ningún problema para Amma. Como es la Madre del Universo, sabe que el dolor del alma es el mismo en cualquier época y en cualquier lugar. En su presencia los corazones rotos por las experiencias y los condicionamientos pasados disfrutan de paz. Se vuelven tan amplios como el universo. De ese modo, el individuo cósmico nace.

Los recuerdos de ser llevado por Amma desde la densa jungla del intelecto al sombreado cenador del corazón se han entretejido en historias que hablan de una alquimia que incluso puede transmutar la basura en oro. Este libro contiene parábolas memorables de cómo Amma, la *Satguru*, transmite al discípulo los secretos que ninguna filosofía puede explicar.

Un breve comentario sobre las palabras: siguiendo la convención común, este libro utiliza el pronombre masculino cuando se refiere a Dios para evitar construcciones tan incómodas como "Él / Ella / Ello"; ni que decir tiene que lo Supremo trasciende todas las etiquetas de género. El género femenino se ha utilizado para referirse al *Guru* en honor al cuerpo femenino que Amma ha adoptado. Las palabras indias utilizadas en el libro se explican en el Glosario.

En el regazo de Amma

1

OH, Diosa del Universo, ¿puedo empezar a escribir? ¿Cómo escribiré? ¿Cómo puede esta pluma escribir por sí misma? ¿Cómo puedo escribir sobre temas de los que la lengua no puede siquiera hablar?

Nunca pensé que Tú presentarías los asuntos tan claramente, cosas que nunca había imaginado, ni una sola vez, secretos de la vida que trascienden el poder de la imaginación. ¡No puedo entender por qué me merezco todo esto! Debe de ser tu todopoderosa gracia: ¿a qué otra cosa puedo atribuir todo esto?

Júpiter ha dado dos vueltas completas alrededor del sol desde que borraste todas mis ideas preconcebidas y entraste en mi corazón. Todo parece tan increíble... como un sueño. No he podido entender totalmente tu gloria. Si ni siquiera el satélite que recorre su órbita en el inmenso cielo puede comprender totalmente a un planeta, ¿cómo puede el ego sondear las interminables vistas que lo rodean? Éstas acabarán desinflando el ego. Este satélite humano que ha sido atraído hacia la estrella que es Amma ignoraba la imponente magnitud de Ésta.

¡Cuánto tiempo tardé en llegar a la inmensa visión de que aquélla a la que consideraba mi madre, la madre que sólo sería mía, era la Madre de todos! Ahora sé que su regazo es tan amplio como el universo. Un científico que se ha puesto a estudiar un planeta se siente confuso cuando ve miles de estrellas por un telescopio.

Amma no es un fenómeno que se pueda entender en una sola vida. Es un tesoro oculto de interminables secretos que no pueden ser descubiertos, por muchas vidas que se dediquen a estudiarlo. Es una pureza que la mente nunca podrá conocer, que el intelecto no puede apreciar.

En el mundo actual hay muchos intelectuales que fingen no ver lo que pueden advertir a simple vista. Tenemos que tenerles lástima, porque no pueden ver lo que debe ser visto. Tenemos que limpiar la suciedad del espejo de nuestra mente, que debería reflejar el mundo tal y como es. El reflejo distorsionado podría no estar necesariamente causado por el objeto reflejado; podría deberse a defectos del espejo. Por culpa del espejo distorsionado de la mente perdemos la visión de la Unidad.

Hace muchos años llegué a Amma con un espejo mental como ese. Ella soldó los escindidos fragmentos de mi mente en el crisol del amor, purificándola y volviendo a moldearla con las enseñanzas sobre la Unidad. Tú, que das a las toscas rocas de las mentes humanas el brillo y la suavidad de piedras blanqueadas utilizando sólo las consoladoras caricias de una corriente incesante de compasión, sin someterlas a las llamas encendidas de la ira, ¿cómo puede alguien decir que no eres Dios? ¿Qué buenas acciones realicé en mis vidas pasadas para merecer esta lluvia de bendiciones?

Nunca imaginé que la vida pudiera ser tan bella. Nunca pensé que el amor de Dios desbordaría todos los límites. Antes de conocer a Amma tenía unas determinadas ideas sobre la vida. A menudo hay una enorme distancia entre esas ideas y la realidad. ¿Cómo puedo negarlo? El desafío de Amma de aceptar todo como *prasād* del Señor me ha dado fuerza y ha despertado la confianza en mí mismo.

Amma me recordó que hay miles de personas que sufren en el mundo. Las experiencias de esos primeros días con Amma han sido un entrenamiento para desarrollar un corazón que entiende el dolor de los demás y una mente que se derrite cuando escucha los pesares ajenos.

En una ocasión, después de un *bhāva darśan*, estaba tumbado en la veranda de la cabaña que había frente al *kaḷari*[1], pensando: "Oh, Dios, deja que al menos esto sea verdadero. ¡Por cuántos lugares he vagado buscando a Dios! ¡Cuántas pruebas he tramado para demostrar que Dios no existía! ¡Cuánto tiempo puede alguien fingir que no se ha dado cuenta de las atrocidades que se cometen en nombre de Dios? En nuestros días la mera palabra 'Dios' provoca recelos. Las personas religiosas están explotando la creencia en Dios de la gente para promover su propia religión".

Al tío que me trajo a ver a Amma le resultó difícil llevarme con él de regreso. Los miembros de mi familia me habían enviado con él porque pensaban que una decoloración blanca que me había aparecido de repente en los labios era un presagio que auguraba la mordedura de una serpiente. El presagio que me llevó a conocer a Amma resultó ser la cura de la enfermedad de la mundanidad. En unas pocas semanas la decoloración desapareció poco a poco.

¿Cómo puede un ser humano convertirse en Dios? ¿Tiene Dios un cuerpo? ¿Es cierto todo lo que creemos? El observador que hay en mí estaba ignorando a la mente que duda y disfrutando de los dulces recuerdos del amor y la compasión de Amma.

Mi *pūrvāśram*[2] se encontraba cerca de un extenso arrozal. Estaba a unos veinte kilómetros de *Vaḷḷickāvu*. Solía sentarme bajo el árbol *ilanji* a contemplar el arrozal. Era donde jugaba con cometas cuando era joven. Caminaba largas distancias entre las colinas del campo para disfrutar de la belleza de las espigas del arrozal meciéndose en la brisa. A menudo, cuando iba en mi

[1] Santuario ancestral donde Amma daba *darśan*.

[2] Literalmente "*āśram anterior*". Aquellos que han elegido el camino monástico cortan los vínculos con la vida que llevaban antes y se refieren a su familia biológica o a la casa en la que vivían antes de incorporarse al monasterio como parte de su *pūrvāśram*. Por tanto, la "madre del *pūrvāśram*" significa la madre biológica (a diferencia de la madre espiritual).

bicicleta para absorber la belleza escénica de la naturaleza, la bicicleta patinaba entre las colinas. Cada vez que me levantaba del suelo, con la ropa sucia, me preguntaba si alguien se habría dado cuenta.

Pero después de conocer a Amma mi perspectiva cambió considerablemente. Estoy empezando a ver claramente el reflejo de *Jagadīśvari*, la Diosa del Universo, en la gota de lluvia y en el rocío. Aunque tuviera que caerme dentro de agua sucia, ahora siento que todavía estoy en el regazo de *Jagadīśvari*. ¿Cómo se hicieron tan agradables las primeras clases de adoración? ¿Cómo surgió la compasión por el ratón que se escabulle entre las espigas del arrozal? Mis dedos se muestran reacios a arrancar flores aunque sea para adorar a Dios. Cuando ensartaba las flores que estaban dispersas por el suelo bajo el árbol *ilanji*, mi abuela protestaba:

—Querido mío, ¿cómo puedes ofrecerle a Dios las flores que se han caído al suelo? Debes hacer las guirnaldas con flores arrancadas del árbol.

La sensación de que debía tener la actitud de pedirle perdón a la planta por causarle daño al arrancarle sus flores se hizo cada vez más fuerte. Me quedaba contemplando, paralizado, el nacimiento en mi interior de todos y cada uno de los *sankalpas* de Amma, prueba evidente de su lluvia de bendiciones.

Si no hubiera sol, ¿sería la luna bella? Lo que da luz y vida al mundo, lo que lo adorna con colores, son tus invisibles manos, ¿verdad? Mientras ensartaba guirnaldas en la habitación de la *pūja*, empezaba a darme cuenta de que la brillante imagen de la deidad no era sólo una pintura. Incluso en los lugares donde no existen dichas imágenes empezaba a sentir la conciencia invisible que derrama su compasión.

Durante un tiempo pensaba que ser fuerte significaba ser intelectual. Pensaba que la ciencia sería capaz de conquistar el universo. La idea de que la ciencia proporcionaba todos los avances empezó a desvanecerse.

Una vez, cuando era un niño pequeño, fui con mi madre del *pūrvāśram* a un templo de *Devi* para una sesión especial de oración. En aquella época pensaba que las deidades esculpidas en la piedra eran seres vivos. Aquel día gateé hasta el regazo de la imagen de *Devi* fingiendo beber su leche sin darme cuenta de la multitud que se había formado a mi alrededor, mirándome. Durante mi infancia no era consciente de que se tratara de una imagen. Los niños tienen la inocencia que se necesita para experimentar el éxtasis del alma, una dicha que es la culminación de la imaginación.

Sin embargo, el cambio que la educación moderna trajo consigo fue enorme. Empecé a dudar de la misma existencia de Dios. Empecé a preguntarme si su ayuda era necesaria. Empecé a enorgullecerme de mis propias capacidades. La escuela se ha convertido en un lugar donde se destruye la inocencia de los niños. Sólo ahora he empezado a comprender el cambio que se ha producido en mi mente. La inocencia, la simplicidad y el coraje son los distintivos de la omnisciencia. La bella forma de Amma, que brilla con signos de omnisciencia, se hizo cada vez más clara en mi mente.

El Templo de la Devi de Veṭṭikuḷangara

2

El templo de Kātyāyāni Devi de Veṭṭiluḷangara estaba cerca de mi pūrvāśram. En mi infancia iba corriendo al templo después de la escuela. ¿Sabéis por qué? ¡Para jugar en el terreno del templo!

Por muchas veces que te cayeras en aquellos queridos jardines del templo, nunca te lastimabas. No sabía que aquellas arenas blancas eran también el regazo de Amma. Cansado después de jugar, me sentaba bajo el baniano del templo. Entonces era cuando me percataba de las figuritas que había instaladas allí. La gente adoraba a las deidades de todos los santuarios del interior del templo sin comprender el significado de esas formas divinas. Sin embargo, la fe que esta devoción suscitaba era, sin duda, enorme.

Mi abuela solía contarme historias de personas que habían tenido visiones de *Devi* en esos mismos jardines del templo.

—La Madre Divina no dejará que ni siquiera un borracho que entre ilegalmente en las propiedades del templo quede impune.

Siempre que decía esto, su expresión facial cambiaba. Ahora recuerdo con asombro que la estrella de nacimiento de la diosa consagrada en el templo era *Kārtika*, la estrella de nacimiento de Amma. Experiencias posteriores me mostraron que no era una simple coincidencia. Amma debe de haber tenido intenciones concretas al relacionarme con ese templo durante mis años de formación.

¿No son los templos una forma de que las personas comunes experimenten fácilmente la presencia de Dios? Amma ha dicho: "Aunque haya viento en todos los lugares, lo sentimos mucho más debajo de un árbol. El frescor se siente mucho más intensamente cerca de un ventilador". Aunque Dios está en todas partes, podemos experimentar más claramente la divinidad en un templo o en presencia de un *mahātma*.

Los que están iluminados espiritualmente pueden infundir *prāṇa śakti* (fuerza vital) incluso a las piedras, llenándolas de conciencia divina. Cuando la piedra se somete totalmente al escultor, se convierte en un imagen divina. A partir de entonces, su lugar ya no está en las escaleras, sino en el santuario. Cuando la piedra que soportó en silencio los pisotones, los insultos y los golpes de muchas personas mientras estaba en la escalera llega a las manos de un escultor experto, se convierte en una imagen divina capaz de dar la paz a miles de personas.

Los templos en los que los *mahātmas* instalan las deidades y les infunden su *prāṇa śakti* se transforman en lugares santificados de peregrinación. Si una piedra, considerada carente de vida, puede obtener la fuerza necesaria para dar la paz a cientos de miles de personas, ¿por qué no pueden hacerlo los seres humanos?

Por el orgullo y el egoísmo. Amma dice que éstos son los obstáculos que bloquean el camino.

¡Cuántas miles de personas que eran como piedras ha transmutado Amma en personificaciones del trabajo diestro, desinteresado y voluntario por su mero contacto! *Ahalya*, que estaba atrapada dentro de una piedra, se transformó en una bella mujer por el contacto de los pies del Señor *Rāma*[3]. Del mismo modo, ¡cuántas maravillas hemos presenciado gracias a esa corriente de amor que alimenta la belleza del alma!

Mi fe en Dios había empezado a disminuir durante los años de universidad. Admiraba las maravillas de la naturaleza, pero no podía recordar el poder que hay detrás de ellas. Los científicos se esfuerzan por entender *qué* es este universo. No se preguntan *por qué* es este mundo. La espiritualidad nos enseña a preguntarnos por qué existe este mundo; y por qué hay esta vida. No hay

[3] Referencia a un episodio del *Rāmāyaṇa* en el que el marido de *Ahalya* la maldice haciéndola adoptar la forma de una piedra por su infidelidad. Más adelante el Señor *Rāma* la libera de la maldición cuando pisa la piedra.

forma de que un mundo basado en leyes definidas pueda carecer de sentido. Este mundo es el camino de la humanidad hacia la plenitud. Todas las experiencias que tenemos aquí son una parte de nuestra formación para alcanzar la meta última. Para aquellos que pueden ver el universo como un lugar de entrenamiento el mundo es el reino de las experiencias divinas.

Para emplear el lenguaje de Amma, estamos aquí de excursión. Si le damos excesiva importancia a este mundo, sufrimos. Los que aprecian profundamente las cosas mundanas se sienten destrozados si pierden todo lo que valoran. Debemos vivir con la conciencia de que todo lo que hay en este mundo es perecedero. Mientras ascendemos paso a paso hacia la Plenitud, dejamos atrás los peldaños más bajos. De modo semejante, podemos perder todo lo que hemos ganado hasta el momento.

Amma ha descubierto el secreto para salvar la humanidad de las penas de la vida. Fue el mismo secreto que el príncipe *Siddhārtha* descubrió cuando se convirtió en el Señor Buda. ¿Qué es? ¡Que en este mundo no existe el dolor! Si no hay mundo, ¿cómo puede ser real el dolor?

Las experiencias causadas por la ilusión del mundo son todas irreales. Sólo el Experimentador es real: el Ser, que es el testigo de todo.

El mundo soñado es real para el soñador. Sólo hay una forma de ayudar a un hombre que llora por una pesadilla: despertarlo. El mundo soñado se vuelve irreal para el soñador que se ha despertado. Sólo alguien que está despierto puede despertar a los demás.

Amma ha venido para despertarnos, porque estamos sufriendo bajo el hechizo del mundo soñado. Ella ha entrado en nuestros sueños para compartir nuestras penas y tratar de despertarnos de nuestro sopor. Pero todavía estamos absortos en nuestro placentero sueño. Nunca tenemos suficiente de él. Los placeres no nos satisfarán por mucho que los disfrutemos. Esto significa que hemos tenido que experimentar un gozo mayor antes.

Cuando un niño pequeño llora la madre actual le pone un chupete. Entonces deja de llorar durante algún tiempo. Cuando empieza a llorar de nuevo ella le llena el biberón de leche y se lo pone en las manos. Algún tiempo después el niño vuelve a llorar, ignorando el biberón y los juguetes. Esta vez la madre deja lo que está haciendo y se pone al niño en el regazo para darle de mamar. Entonces el niño deja de llorar.

Si el niño hubiese estado llorando de hambre el biberón hubiese bastado. Sin embargo, no puede obtener del biberón la calidez del pecho materno ni su cariño. El biberón nunca será suficiente para el bebé que conoce la dulzura de la leche del pecho y la dicha del abrazo cariñoso de la madre.

Del mismo modo, comparados con la dicha de *Brahman* (lo Supremo) que disfrutábamos cuando éramos uno con Dios, los placeres materiales no son nada. Precisamente por eso es por lo que esos placeres se han convertido en la causa de nuestro descontento. Nada inferior a la experiencia de Dios puede satisfacernos, porque una vez hemos experimentado su plenitud.

El deseo de disfrutar de los placeres mundanos intensifica nuestro sentido de estar incompletos. Amma ha venido para hacernos conscientes de que en realidad somos Plenos.

VIMAL

La sed del alma

3

En todas partes podemos escuchar el llanto del *jīvātma* (ser individual) esforzándose por fundirse con el *Paramātma* (Ser supremo). Alguien que observe una puesta de sol entenderá rápidamente los dolores de la separación. Si somos capaces de discernir, podemos ver esta angustia contenida en toda la naturaleza.

Todos los objetos del universo están en oración; sólo los seres humanos viven con deseos egoístas. Todo el mundo está buscando a Dios, que es la misma personificación de la dicha. Sin embargo, las personas no disfrutan todavía de la dicha, ni siquiera después de haber conseguido muchos objetos. Su búsqueda de algo nuevo continúa.

Amma ha llegado como una lluvia de ambrosía para dar refugio a los *jīvātmas* separados de la personificación de la dicha y para infundirles fuerza de modo que puedan desenredarse de la seductora red del *samsāra*, el ciclo del nacimiento y la muerte. Sin embargo, la inmensa mayoría de las personas están enredadas en placeres insignificantes. Me parece que Amma nos está llevando de regreso a nuestra infancia, cuando podíamos disfrutar imaginando elefantes y caballos en las nubes.

No somos conscientes de las maravillas que nos rodean. En la naturaleza hay grandes maravillas por todas partes. Si contemplamos los millones de estrellas que hay en el infinitamente extenso cielo azul, los altísimos edificios de nuestros egos se caerán.

Cuando estamos en la orilla del mar y miramos cómo se unen el océano y el cielo, notando el bonito juego de colores que hay sobre el horizonte y que se reflejan sobre la profundidad del océano, nuestro ego se marchita. Un hombre situado junto a una majestuosa montaña se da cuenta de lo insignificante que es. Del mismo modo, en presencia de un *mahātma* quedamos reducidos a nada. Las montañas nevadas de nuestro ego se funden en lágrimas, convirtiéndose en un flujo gangético de devoción que limpia nuestras impurezas mentales. Es posible volverse nada delante de Amma. Si podemos ser nada, podemos serlo todo. Amma nos está infundiendo la inocencia de un bebé ignorante. A diferencia de la educación moderna, que nos atiborra sólo con el ego del conocimiento, el corazón de alguien con actitud de entrega alcanza la pureza de la flauta de oro del Señor *Kṛshṇa*. Podríamos no tener una oportunidad mejor que ésta para cumplir el gran objetivo de la vida: convertirnos en la flauta que emite sin fin música divina.

Todos los interrogantes deben cesar. Aún así, ¿hay que ir a la universidad para proseguir los estudios, conociendo los peligros de la educación moderna? Cuando le pregunté esto a Amma, Ella contestó:

—Hijo, todo es divino. Es suficiente si no permites que el conocimiento provoque orgullo. El materialismo y la espiritualidad no son distintos. Lo más importante es nuestra actitud. Nuestro cuerpo, mente e intelecto sólo son instrumentos. Debemos saber utilizarlos con sensatez. Entonces, si adquirimos conocimiento, éste no será soberbio. Hasta en la vida material podemos ver con claridad cómo se han transformado las vidas que han entrado en contacto con los poderes de Dios.

Donde existe el conocimiento supremo no puede haber ego. El ego está poco informado. Los distintivos de la omnisciencia son la sencillez y la humildad. Siempre podemos ver estas cualidades divinas en Amma.

El que conoce, el conocimiento y lo conocido se vuelven uno. Igual que un hombre que estaba soñando se da cuenta al despertar de que todo el mundo soñado existía dentro de él, nuestra perspectiva cambia al comprender que la apariencia del universo procede del interior.

La mera presencia de un *mahātma* como Amma es lo bastante potente como para producir asombrosas transformaciones en nosotros. Nada que sucede en la vida es una coincidencia. Se dice que hay razones específicas para todo. El hecho de que, al verla por primera vez, sintiera un vínculo con Amma de muchas vidas pasadas muestra que hay muchos factores desconocidos.

Recuerdo algo que sucedió cuando yo tenía un año. No es común que alguien recuerde algo que le sucedió antes de cumplir los dos años, pero este inusual suceso ha permanecido indeleble en mi memoria. Es tan claro como algo que hubiera pasado ayer.

Mi madre del *pūrvāśram* estaba meciéndome en la cuna intentando que me durmiera. Después se fue a cocina. En realidad no me había quedado dormido. Cuando mi madre se hubo ido, abrí los ojos. Al no ver a mi madre traté de mirar entre las tablillas de la cuna. Vi a una mujer vestida toda de blanco, con adornos y el cuerpo resplandeciente, que caminaba hacia mí. Vino hasta la cuna y empezó a acariciarme dulcemente, derramando amor sobre mí. Al ver aquella forma desconocida, me asusté y me eché a llorar. Oyendo mis llantos, mi madre corrió desde la cocina. Para entonces, me había desmayado. Viéndome inconsciente e inmóvil, roció mi cara con agua y trató de reanimarme.

Poco después, abrí los ojos. Esto siguió sucediendo todos los días. Me examinaron muchos médicos. Ninguno era capaz de diagnosticar la causa de mis desvanecimientos. Finalmente, mi padre acudió a un astrólogo. Usando caoríes[4], percibió algo que compartió con mi padre. Dijo que yo estaba en presencia de un ser divino, lo que era favorable para mí. Le aseguró a mi padre que no había necesidad de ningún rito expiatorio. También le dijo a mi padre que me pusiera un brazalete de plata consagrado en el templo de *Ettumānūr* para alejar mis temores. En cuanto

[4] Algunos astrólogos utilizan caoríes como medio de adivinación.

me pusieron el brazalete de plata en la mano, dejé de recibir las visitas divinas.

No volví a ver de nuevo aquella forma hasta los catorce años, en que la experiencia se repitió. Entonces estaba en el instituto. Desde entonces, permanecía tumbado horas enteras sin tener ningún control sobre mi cuerpo, pasando por cada una de las experiencias que suceden en el momento de la muerte. Con el tiempo, esas experiencias divinas que revelaban esferas desconocidas de la vida se convirtieron en normales para mí.

Esas experiencias alimentaron mi búsqueda de Dios. Las visitas divinas me impulsaron a aprender más sobre los poderes extrasensoriales. Incrementaron mi deseo de saber más sobre los secretos de la vida ocultos tras lo que podemos ver y escuchar.

Mi búsqueda me llevó a la sagrada presencia de Amma, la Diosa del Universo. Cuando me embebí del amor divino de Amma, el buscador que había en mí desapareció.

Fue en mis años de estudiante de ingeniería cuando tuve la oportunidad de aprender más sobre los poderes extrasensoriales. Acompañado por mis amigos racionalistas, fui a distintos lugares. Lugares que se suponían habitados por fantasmas y demonios, casas embrujadas, moradas de supuestos santos con pretensiones de tener poder divino; fui en persona a todos esos lugares y me esforcé duramente para descubrir la verdad por mí mismo.

Lo que comprendí fue que los espíritus y los fantasmas no eran tan peligrosos como los seres humanos. La fe de las personas se explota en todas partes.

Cuando conocí a Amma no me olvidé de hacerle las preguntas que surgían en mi mente. Sin embargo, sólo más tarde comprendí que estaba preguntándole a una encarnación divina.

—Amma, me gustaría aclarar mis dudas. ¿Podría hacerte algunas preguntas?

Cuando oyó mi petición, Amma sonrió y dijo:

—¡Pero Amma no sabe nada! Adelante, hijo, pregunta. Amma sólo farfullará alguna tontería.

—Amma, ¿existe Dios?

Su respuesta llegó rápidamente:

—Hijo, ¿no es esa una pregunta tonta? Preguntar si Dios existe es como preguntar "¿tengo lengua?" con tu propia lengua. ¿Por qué preguntas ahora, hijo?

—Si Dios existe, tengo suficiente ira dentro de mí como para matarlo.

Cuando oyó mi respuesta, Amma se rió con fuerza y preguntó:

—¿Por qué, hijo?

Le expliqué por qué estaba enfadado con Dios.

—En el mundo hay muchísimas personas que sufren por la enfermedad y la pobreza. Algunos viven en el lujo. La creación está hecha de tal forma que todas las criaturas de este mundo sirven de alimento para otros. Estoy furioso con el Dios que ha creado este cruel universo.

Amma respondió, como si estuviera de acuerdo con mi crítica:

—Le gustas a Amma, hijo. No estás enfadado con Dios por ninguna razón egoísta, sino por compasión hacia los demás. Dios reside en los corazones que sienten compasión por los demás. No es alguien que castiga. Protege a todos. Nosotros somos los que nos estamos castigando a nosotros mismos. Todas nuestras acciones están registradas en la naturaleza. Debemos experimentar sus consecuencias en esta vida o en las siguientes. Si vivimos como animales después de haber logrado un cuerpo humano, quizá nazcamos de nuevo como animales, o nos convirtamos en alimento para otro animal. No podemos echarle a Dios la culpa por ello.

—Amma, ¿tú eres Dios?

Amma se rió y dijo:

—Hijo, Amma es una chica loca. Nadie la ha metido en la cárcel. Por eso sigue aquí. Hijo, Amma no te está diciendo que creas en Ella o en un Dios que vive en el cielo. Es suficiente con que creas en ti mismo. Todo está dentro de ti. Como el árbol grandioso que espera surgir de la semilla, el poder divino impregna todo el universo. Si se despierta ese poder divino por medio de la oración, la meditación y las buenas acciones, se puede lograr la Plenitud. Es posible fundirse con Dios y, de ese modo, trascender el nacimiento y la muerte. La cripta que contiene los secretos del universo se abrirá. En ese estado de ser se ve a Dios en todas las criaturas, móviles e inmóviles. Viendo a Dios en todo, se obtiene la pureza necesaria para amar y servir. Éste es el estado supremo que un ser humano puede lograr.

Amma cerró lentamente los ojos. Miré aquel rostro que irradiaba el éxtasis de *Brahman*. Cuando contemplé las infinitas glorias de Dios en Amma, no pude preguntar nada más.

Los *mahātmas* se encarnan para enseñarle al mundo cómo un ser humano puede lograr la Plenitud. La vida de Amma muestra que nada, ni siquiera haber nacido en las circunstancias menos favorables, es un obstáculo para el conocimiento de Dios.

Me quedó claro que en la vida nada sucede por accidente. Debemos adquirir la pureza mental necesaria para entender el significado que se esconde tras cada suceso de la vida. La vida de Amma está guiada por determinados objetivos. Ella debe de haber hecho lo necesario para prepararse para estos objetivos desde mucho antes. También empecé a entender que desde mucho antes Amma ya había intervenido para impedir que las garras del *samsāra* nos destruyeran. La sensación de que se me había dado una nueva vida empezó a crecer dentro de mí. El resto de mi vida es un viaje de vuelta a la infancia. Las lágrimas son el testigo de la verdad de que la divina presencia de Amma es suficiente para despertar la inocencia perdida.

Poderes paranormales

4

¡Arriba, el cielo infinito, inmenso! ¡Qué universo tan encantador, con planetas y satélites girando alrededor de brillantes y titilantes estrellas! El cielo, el mar, las montañas, los valles, los pájaros, los animales, las flores y los árboles nos embriagan con su colorida belleza. ¿Quién está detrás de la magia de la naturaleza? ¿Cómo nacieron todas estas cosas? ¿Las creó Dios?

Cuando los científicos se esfuerzan por conocer fenómenos universales, se dan cuentan de las limitaciones de la mente y del intelecto. Cuanto más aprenden, más se dan cuenta de lo abismal que es su ignorancia. Los campeones del poder intelectual, incapaces de desvelar los secretos mejor escondidos de la creación, se quedan desconcertados. Los *ṛshis* (visionarios) nunca se preguntaron "qué" es este universo, sino "por qué".

Este universo es el medio que emplea Dios para llevar a la humanidad a la Plenitud. Es un tesoro oculto de maravillas, que confiere un gran número de experiencias adecuadas para los distintos niveles de madurez y comprensión de las personas.

Cada uno vive en su propio mundo. Es la mente humana la que crea el cielo y el infierno.

Las experiencias cambian continuamente. Todas las experiencias son irreales, y sólo es real el Experimentador. Cuando se conozca el Experimentador, todo lo demás desaparecerá; se percibirá la Verdad. Despertará la conciencia contenida en la sentencia de las escrituras *"Brahma satyam, jagan mithya"* ("Sólo *Brahman* es real, el mundo es ilusorio"). Dios nos ha dado esta vida para que podamos lograr esa conciencia.

Nada puede ser rechazado. Por el contrario, debemos desarrollar la amplitud del corazón necesaria para poder abrazarlo todo. Eso es lo que Amma nos está mostrando: la capacidad de ver sólo lo bueno. Mediante el *bhāva* (estado divino) de la Madre, Amma nos está dando el regalo de la pureza interior con la que podemos superar las contrariedades de la mente y lograr la experiencia divina de la belleza eterna, realizando de ese modo nuestras vidas.

Antes de conocer a Amma, lloraba sin motivo en innumerables ocasiones, sentado en soledad. En las últimas horas de las noches iluminadas por la luna, mi mente añoraba "algo". Ya entonces, Amma, la *antaryāmi* (moradora interior), debe de haber estado intentando consolarme. Ahora sé que eran sus manos las que venían a secarme las lágrimas bajo la forma de la brisa fresca.

Cuando se conoce a una *mahātma* como Amma, la mente empieza a volverse hacia el interior. Llegará un momento en el que nuestro vínculo con el mundo exterior se rompa. Esos momentos son poderosas experiencias vitales de gran significado, ya que nuestra misma individualidad se transforma de arriba abajo. Los demás empezarán a vernos de una nueva forma.

Recuerdo una visita a una casa embrujada en el norte de *Kerala*. A petición de mi amigo, decidimos realizar allí algunas investigaciones. Vimos presagios desfavorables justo en el umbral de la casa deshabitada: una cobra deslizándose por los escalones hacia la piscina, telarañas cubriendo el exterior de la casa, los sonidos de murciélagos aleteando: sólo aquello bastaba para que la atmósfera fuera aterradora, ¡sin contar los fantasmas!

Mi amigo y yo nos sentamos en el porche de la casa cerrada. Miré el jardín. Incluso durante el amanecer y la puesta de sol, los rayos del sol pasaban aparentemente sin tocar esta casa, que daba al sur y estaba medio derribada. Nos enteramos de que muchas personas habían muerto allí, en la piscina. Por eso nadie se había molestado en limpiar el lugar desde hacía años.

Al atardecer, el centinela nocturno llegó con una linterna. Le pregunté:

—¿Nunca te asustas estando solo aquí?

—Señor, ¿me serviría de algo asustarme? Tengo que sobrevivir, ¿no? —dijo suspirando—. No recuerdo la última vez que dormí con mi mujer y mis hijos. Ya no tenía la salud suficiente para hacer otros trabajos. Entonces me hicieron esta oferta que nadie más se atrevía a aceptar.

Escuchamos sus historias de fantasmas y nos reímos. Dijo que llevaba amuletos de papel de metal —que tenían inscripciones de *mantras* y que habían sido consagrados en un templo— en ambas manos y en el cuello para protegerse de los malos espíritus. Por eso no tenía miedo. Reflexioné sobre el valor que una fe inocente puede darle a una persona.

El problema no es si Dios existe o no, sino si creer en Dios nos aporta algún beneficio. Un papel de metal con *mantras* grabados que vuelve a alguien intrépido: éste es el sentido de seguridad que le faltan al hombre y a la mujer modernos. Y por eso crecen nuestros miedos. Los miedos nos hacen mirarlo todo con suspicacia. Sin nada que conforte una mente que no tiene fe en nada, salimos corriendo detrás de espejismos en el desierto de la vida. Incapaces de encontrar el manantial interior, deambulamos tratando de saciar nuestra sed.

Aunque tuvimos que aguantar el inquietante sonido de los murciélagos volando y de los perros aullando, pasamos varios días allí, esperando a los fantasmas. No aprendimos nada sobre poderes paranormales. Nos fuimos, llegando a la conclusión de que todo —los fantasmas, los espíritus y todo lo demás —era un mero producto del subconsciente de las personas.

Más adelante supe que muchas de las llamadas casas embrujadas habían sido construidas violando las leyes del *vāstu śāstra*[5]. No hay duda de que tener un altar de *tuḷasi* en el patio y una sala

[5] La ciencia india que se ocupa de la posición de los objetos para aprovechar el flujo de energía positiva y desviar el flujo de energía negativa. Parecido al Feng Shui.

de oración con una lámpara encendida cambiará hasta la misma apariencia de la casa. Debemos tener cuidado de no adornar las paredes con imágenes desfiguradas o con cabezas cortadas de animales. Todos los objetos ejercen una influencia sobre la mente. No debemos intentar abarrotar nuestros hogares de objetos innecesarios. Cuando entramos en una casa adornada con cuadros ordenados cuidadosa y metódicamente y que evocan el recuerdo de Dios, y con objetos que tienen una presencia revitalizante, podemos sentir que nuestra mente se calma.

Podemos experimentar paz en presencia de Amma, independientemente de dónde esté. Dicen que es imposible llevar a los *mahātmas* al infierno: ¡si los llevas el infierno se convierte en el cielo! Hasta que llegué a los pies de loto de Amma, por cuya mera presencia todos pueden disfrutar de la dicha del cielo, seguí buscando poderes paranormales.

Visité santuarios con deidades de formas aterradoras. Estas deidades habían sido instaladas con el mero propósito de destruir a los enemigos. Esos lugares explotaban las debilidades de las personas para ganar dinero. Después, comprendí que el significado de las *pūjas* para destruir a los enemigos no es matar a los enemigos, sino matar el sentimiento de lo que es la enemistad. Cuando los adversarios se convierten en aliados, cuando el odio se transforma en amor, cuando la ira se convierte en compasión, se mata la actitud de enemistad. Antes de que esto pueda suceder debemos abandonar todos los gustos y las aversiones. Hay que revivir las cualidades divinas en el aire fresco del amor.

Cualquier acción realizada con el objetivo de dañar a los demás nos llevará a la perdición. Los pensamientos de odio salen como flechas de nuestro interior, van a toda velocidad hacia el objetivo previsto, golpean a aquella persona y regresan hacia nosotros como una maldición diez veces más poderosa. Por eso hay tantas historias que ilustran cómo los creadores de las deidades aterradoras que destruyen a los enemigos tuvieron que padecer desgracias durante muchas generaciones. Los pensamientos bondadosos benefician a los demás y después regresan como una lluvia de bendiciones que también se ven multiplicadas.

Recuerdo las fiestas que se celebraban en el templo ancestral de mi familia del *pūrvāśram*. Entonces era estudiante. Todos los miembros de la familia se reunían para las celebraciones. Como parte de las festividades, se cantaban canciones *kaḷamezhuttu*[6] para propiciar a los dioses *nāga* (serpientes).

Las chicas jóvenes se colocaban delante de los *kaḷamezhuttu*, situados delante de los santuarios de las imágenes de la *yakshi* (semidiosa) *nāga* y del rey *nāga*. Los trovadores se ponían a cantar himnos para propiciar a estas deidades. Los sonidos eufónicos de los instrumentos musicales de acompañamiento y el bullicioso clamor de los devotos creaban una atmósfera embriagadora.

—¿De qué trata todo esto? —le pregunté a mi padre.

—Es una bienvenida a la *yakshi nāga* y al rey *nāga* —dijo.

Oyendo la explicación de mi padre, contemplé la escena con entusiasmo. Los aullidos[7] y el ritmo de los tambores alcanzaron su punto culminante. Los gritos se intensificaron. Las chicas, que hasta entonces habían estado sentadas con la cabeza inclinada, empezaron a comportarse de forma diferente. La gente podía sentir la presencia de las deidades *nāga* en estas chicas que sujetaban ramos de flores. Empezaron a balancearse como serpientes. Su mirada y los movimientos de sus miembros guardaban sorprendentes similitudes con el balanceo de una serpiente. Estas chicas se movían de forma hipnótica, de un lado a otro, balanceándose al ritmo de la música. Los devotos se pusieron a gritar desenfrenadamente. Las chicas siguieron bailando incluso después de

---

[6] *Kaḷamezhuttu* son las imágenes decorativas de las deidades, dibujadas en el suelo con polvo de colores. Las canciones que se mencionan aquí tratan sobre estas deidades.

[7] Tradicionalmente, las mujeres ululan con voces agudas en las ocasiones propicias.

haberse superado la duración prevista de la representación. Todos los intentos de contenerlas resultaron inútiles. Por mucho que lo intentara la gente, sencillamente no eran capaces de dominarlas. ¿Cómo se habían vuelto tan fuertes estas jovencitas? La música se detuvo. Mientras el sacerdote las rociaba con agua consagrada, las chicas se deslizaron hasta el umbral del santuario. Allí se postraron y se quedaron postradas, inmóviles.

¿Qué les había pasado a aquellas chicas? ¿Cómo puede el alma de una serpiente entrar en un cuerpo humano? ¿Cuál es la esencia del culto de los *nāgas*? Entonces no sabía las respuestas a estas preguntas, pero no podía ignorar el hecho de que muchas de las creencias que había desechado por ser ciegas eran un consuelo para la gente.

Aprendí de Amma que si despertamos la *kuṇḍalini śakti* (poder de la serpiente) que yace durmiendo en el *mūlādhāra cakra*, disfrutaremos de muchas experiencias divinas. Estamos tratando de despertar ese poder divino por medio de la adoración de Dios, que despierta las cualidades divinas que hay en nuestro interior. Cuando el poder ilimitado que reside en nuestro *mūlādhāra cakra*, personificado como *Kanyākumāri*, se hace uno con *Parameśvara*, que reside en el *sahasrāra cakra*, en el *Kailāsh*, conoceremos la Verdad, la esencia de la plenitud espiritual.[8] En esa experiencia divina, cuando uno se baña en el néctar de la inmortalidad se transciende todo sentido de la individualidad.

Dios carece de nombres y de formas, pero todos los nombres son suyos; y también todas las formas. Nuestras experiencias espirituales se basan en nuestra fe y en nuestras ideas sobre

[8] El proceso de la evolución espiritual está vinculado con la leyenda de *Kanyākumāri*. Según la historia, *Kanyākumāri*, la Diosa Virgen, está esperando en el extremo sur de la India a *Parameśvara* (el Señor *Śiva*), que reside en la morada himaláyica del Monte *Kailash*, en la región más septentrional de la India. Su unión simboliza la culminación de la evolución espiritual.

Dios. Independientemente de cuál pueda ser nuestro concepto de Dios, al Todopoderoso no le cuesta nada darle validez. Los devotos tienen diferentes experiencias basadas en las diversas ideas que tienen de la divinidad. Podemos llenar el recipiente de nuestra mente de energía divina. La forma de ese recipiente no es importante; tenemos la libertad de escoger el recipiente que nos guste. Cuando escogemos el camino de la devoción, el culto de Dios es cada vez más gratificante. El entusiasmo de lograr la unidad con nuestra *ishṭa devata* (forma preferida de divinidad) hace que nuestras *vāsanas* (tendencias latentes) se marchiten.

Es difícil entusiasmarse con un Dios que no se ha visto, pero es fácil percibir a todas las deidades en una *Satguru*. Por eso, cuando desarrollamos una devoción y una fe inquebrantables en la *Satguru*, las experiencias divinas que podríamos haber considerado inalcanzables llegan a nosotros. Por eso no es necesario que los que han llegado a una *Satguru* adoren a otras deidades. Un discípulo eminente será capaz de percibir los diferentes aspectos de los treinta y tres *crores* de deidades en una *Guru*[9].

Una vez visité la casa de una mujer que lloraba todos los días desde la muerte de su hijo. Al parecer, el alma del hijo poseía el cuerpo de la madre. Durante ese tiempo, su voz cambiaba. Cambiaba hasta su propia naturaleza. Su forma de hablar y su comportamiento eran como los de un hombre. Noté ese cambio inusual en su conducta. Esa mujer, cuya salud se había debilitado por el dolor, se movía de aquí para allá con el vigor de un atleta.

La muerte prematura de su hijo, que había sido un deportista, había roto el corazón de la madre. Tras su muerte, actuaba a veces como su hijo. Aquel día dijo en voz alta, pero poco clara,

[9] Los hinduistas creen que hay un total de treinta y tres *crores* (trescientos treinta millones) de deidades. Esto podría interpretarse con el significado de que una Divinidad indivisible puede adoptar un número infinito de formas.

que ella era el hijo que había venido a ver a su madre. Después de algún tiempo pidió agua para beber. Cuando le virtieron el agua en la boca la tragó con avidez. Después cerró los ojos. Cuando le rociaron la cara con agua volvió a abrir los ojos y empezó a mirar los presentes. Parecía estar normal de nuevo. ¿Por qué se había reunido todo el mundo a su alrededor?, preguntó. Estaba claro que no recordaba nada de lo que acababa de pasar.

¿Cómo podía suceder una cosa así? Es una prueba de que el hijo, aunque muerto, seguía viviendo en el corazón de su madre. Esta experiencia —que su hijo no había muerto, sino que seguía viviendo como parte de su ser— constituyó un gran alivio para ella. El subconsciente de la madre conocía muy bien los hábitos y las acciones de su hijo. El corazón de la madre, al que le faltaba la fuerza para aceptar la verdad de que su hijo hubiera muerto, luchaba por hacerle vivir a través de ella. Ésta fue la conclusión a la que llegó mi intelecto. Aquella mujer no había estado actuando; se había identificado con la personalidad de su hijo. Ni siquiera la muerte puede cortar ese vínculo de amor. Siempre recordaré esta verdad: que los muertos siguen viviendo en el corazón de los que los aman.

Las almas iluminadas pueden identificarse con cualquier *bhāva* divino. Estos infinitos *bhāvas* divinos están en todos nosotros, pero un ser humano común sólo puede manifestar *bhāvas* humanos o demoníacos, mientras que una *Satguru* como Amma puede identificarse con cualquier *bhāva* divino. Durante una época solía examinar a Amma de cerca durante sus *bhāva darśans*. La *Guru* puede jugar con la necedad de alguien que, incluso después de haber llegado hasta Ella, intenta evaluar a la *Guru* por medio del intelecto. Yo también trataba de medir la infinitud que es Amma con la limitada vara de medir de mi intelecto. Amma, la personificación de la compasión, veía mis acciones como las de un niño ignorante y se reía gozosamente de mis manías. Cuando el hijo lucha con su padre, al padre no le importa reconocer la derrota. No sólo eso: tampoco se olvidará de elogiar la fuerza de su hijo. El padre actúa así para hacerle feliz a su hijo. De la misma manera, Amma siguió animándome durante todo el tiempo en el que intentaba evaluarla intelectualmente.

Dusshāsana, que trató de desnudar a *Draupadi*, al final se desplomó, agotado.[10] Hasta que yo también me sentí agotado por mis intentos de desentrañar la Verdad con tácticas intelectuales, Amma esperó con paciencia y compasión.

[10] En el *Mahābhārata*, *Duryodhana* le ordena a *Dusshāsana* que le quite la ropa a *Draupadi* públicamente para humillarla. Ella, completamente inerme, llama al Señor *Kṛshṇa*, cuya gracia hace que el sari que viste se convierta en un trozo inacable de tela.

En el cenador del corazón

5

Hay música incluso en el silencio. Hay danza incluso en la quietud. Hay belleza incluso en la fealdad. El frescor de la dicha está incluso en el calor del dolor. Todo esto podemos experimentarlo cuando el amor divino despierta. Fueron las primeras lecciones que aprendí en la sagrada presencia de Amma.

"Hijo, ¿cómo podemos rechazar nada? Debemos saber disfrutar de la vida. Debemos someternos a Dios para que Él pueda corregir las ideas que hemos estado albergando. Tenemos que tener una actitud de entrega. Los conceptos que nuestras mentes han abrigado deben eliminarse".

A la luz del sol, no nos damos cuenta de la presencia de las luciérnagas. La luz de la vela no es necesaria entonces. El despertar de la sabiduría disipa todas las experiencias fenoménicas. Amma es ese sol del conocimiento. Es la corriente de compasión que nos lleva desde las sombras de la individualidad hasta la luminosa atalaya de la totalidad.

Amma fue la respuesta a todas mis dudas. También fue la prueba de todas las respuestas. En presencia de Amma la lógica y el intelecto se desvanecen. Las capas himaláyicas de mi ego se fundieron en lágrimas que lavaron sus sagrados pies.

Mi vida se estaba convirtiendo en un viaje de vuelta a mi infancia perdida. Los días que siguieron me llevaron a la conciencia de que la infancia no es un estado que sólo puedan experimentar los que pertenecen a un determinado grupo de edad. Todos los que llegan a la presencia de Amma comprenden que personas de cualquier edad pueden experimentar la dulzura de la infancia. Esto se hace evidente cuando entregamos el ego a Dios o a la *Guru.* No me daba cuenta de que la cercanía de Amma me estaba convirtiendo en un niño. El cautivador poder de su naturaleza maternal provocaba el sentimiento de que éramos niños pequeños. El fluir del amor y de la compasión de Amma me estaba disolviendo en una nada. Percibía nuevos significados en todo lo que veía y oía.

* * *

Festival *Taipuyam*[11] en el templo *Harippāḍ*: miles de personas entraban y salían en tropel del templo y de las calles para ver la danza *kāvaḍi*. Muchos devotos que habían hecho votos religiosos llevan el *kāvaḍi* como una ofrenda al Dios *Muruga*. Muchos bailaban al ritmo de los tambores y de la música. ¡Qué esplendida era la visión de miles de plumas de pavo real moviéndose conjuntamente! La multitud de devotos bailaba desenfrenadamente, como símbolos vivos de una inocencia desprovista de artificialidad. No bailaban para nadie ni por ninguna clase de recompensa. La embriaguez de la devoción culmina en el baile. La primera visión de estos bailarines dejaba claro que no se les pagaba y que no estaban ebrios por el alcohol. Para estos devotos, que habían estado observando todos los aspectos del voto durante días, adorando al Señor *Muruga*, pidiendo limosna con la intención de renunciar a cualquier sentido de orgullo u honor personal y dispuestos a entregarle a Dios hasta la conciencia del cuerpo, éstos eran momentos de indescriptible felicidad. Eran almas puras que se habían olvidado del mundo material, aunque sólo fuera temporalmente, y que se movían al ritmo de la danza

[11] El día de *pūyam* (*pushyam*), el octavo asterismo lunar, en el mes de *Tai*. Este día se dedica tradicionalmente al Señor *Muruga*. Los creyentes llevan un *kāvaḍi* (un palo arqueado decorado) adornado con plumas de pavo real para propiciar a *Muruga*. Muchos portadores del *kāvaḍi* bailan. Algunos se rasgan el cuerpo con lanzas o tridentes. Algunos, como parte de su voto, caminan sobre carbones encendidos.

cósmica. Estos devotos se habían transfigurado en el colorido vehículo del Señor *Muruga.*

Esos festivales son ocasiones para vivir la sagrada experiencia de ser transformados en portadores de lo divino. Para convertirse en vehículos de lo divino, nuestros corazones deben convertirse en santuarios santificados. Como el Señor *Kṛshṇa* le dijo a *Arjuna*, el cuerpo es un templo. Amma nos recuerda que, cuando nuestros corazones se conviertan en templos, experimentaremos la divinidad en nuestro interior. Amma está esforzándose por convertirnos a todos en templos móviles. Debemos convertirnos en portadores de lo divino, capaces de extender la paz por el mundo. Hasta los que están presos en los placeres sensoriales pueden lograr inocencia y pureza de devoción haciendo votos. Los tridentes que desgarran la piel no lastiman a estos devotos. No se queman cuando caminan sobre carbón ardiendo. La razón es que su mente está en Dios. En ese momento los elementos naturales no son obstáculos en su camino. El discípulo de *Śankarācārya*, que se olvidó de todo lo demás cuando oyó la llamada del *Guru*, simplemente caminó sobre el río; los pétalos de loto brotaban para sostener sus pies[12]. La naturaleza no puede evitar ayudar a los que se pierden en el recuerdo de Dios. Los momentos en los que nos olvidamos, brevemente al menos, de nuestra identificación con el cuerpo, la mente y el intelecto, producen experiencias maravillosas.

"Hijo, ¿hay algo imposible para el que ha anulado el ego?" Las palabras de Amma no las toma prestadas de nadie. Fluyen como ambrosía desde el trono de la omnisciencia en el que habita. Amma es la divina presencia que hace que hasta las preguntas sobre Dios parezcan irrelevantes. "¿Hay algo que no sea Dios?" No todos pueden comprender estas palabras de Amma. Una

---

[12] Este discípulo llegó a ser conocido como *Padmapāda* (literalmente, "el de pies de loto").

persona común puede trascender el dominio del cuerpo, la mente y el intelecto total o parcialmente cuando olvida su individualidad. Un hombre que sueña con su amada no se da cuenta de que hay alguien caminando frente a él. Una sirvienta que piensa en su bebé, al que ha dejado durmiendo en casa, no se dará cuenta si su ropa se quema. Hay momentos en la vida de las personas corrientes en los que sus órganos sensoriales dejan de funcionar sin su conocimiento; pero no pueden mantenerse en ese estado. Cuando las actividades de la mente se detienen, se activan los reinos de las experiencias divinas interiores.

Una vez que me encontraba en presencia de Amma durante el *Devi bhāva,* me di cuenta de que un grupo de personas de *Tamil Nāḍu* bailaba y reía ruidosamente. Se movían rápidamente, con los ojos cerrados, y sus cuerpos se acercaban entre sí al bailar. La danza era tan vigorosa que, si los bailarines hubieran chocado durante el baile, se habrían matado. Pero el hecho de que nunca se tropezaran unos con otros, a pesar de bailar con los ojos cerrados, me dejó atónito. Después supe que habían hecho el voto de bailar en el fuego en el santuario de *Māḍan,* en *Kollam.* También supe que sólo harían la danza del fuego después de haber obtenido el permiso de Amma. Les pregunté por qué querían su permiso. Dijeron que siempre que habían bailado sin permiso de Amma se habían quemado. Estos devotos, que habían venido a solicitar su permiso, bailaban ahora desenfrenadamente. Bailaban a una velocidad que asustaba, riéndose bulliciosamente todo el tiempo. No entendía el significado de este risueño baile. Le pregunté a Amma.

Ella dijo:

—Hijo, puede que vean a Dios como un amante de la risa chillona. La felicidad incontrolable puede culminar en esta risa. Y después se convierte en una danza.

Cuando las palabras demuestran ser insuficientes para expresar las emociones de la mente, se manifiestan en forma de danza. Cuando nos enfadamos, nuestros gestos cambian, nuestra mirada cambia, nuestros movimientos cambian, nuestro ritmo respiratorio cambia, nuestra expresión facial cambia: se vuelven danzantes. Cuando sentimos amor se produce un cambio en los movimientos de nuestros miembros. Nuestros gestos y expresiones faciales cambian totalmente y se transmutan en danza. La dicha de la experiencia divina nos transforma en bailarines.

Podemos cambiar la vida según nuestras ideas. Podemos conocer al Dios de nuestra imaginación. Podemos ser cualquier cosa que queramos, pero primero deben brotar las ideas adecuadas en nuestra mente.

Podemos alcanzar la Plenitud en esta misma vida. Con su vida, Amma nos muestra el modo de hacerlo. Los sacrificios que ha realizado para llevarnos desde la densa jungla del intelecto hasta el umbrío cenador del corazón son cuentos indescriptibles. ¿Por qué desaprovechar esta vida humana? ¿Por qué quedarnos atrapados en la camisa de fuerza de nuestro cuerpo, mente e intelecto? Debemos contemplar esta vida sagrada como una oportunidad de romper la jaula de los apegos que nos aprisiona y volar hacia la indestructibilidad. Amma trabaja sin descanso para despertar las cualidades divinas que hay dentro de nosotros por medio de su mirada llena de compasión, su toque consolador y sus palabras de ambrosía. La vida se vuelve bella cuando cambiamos nuestros puntos de vista.

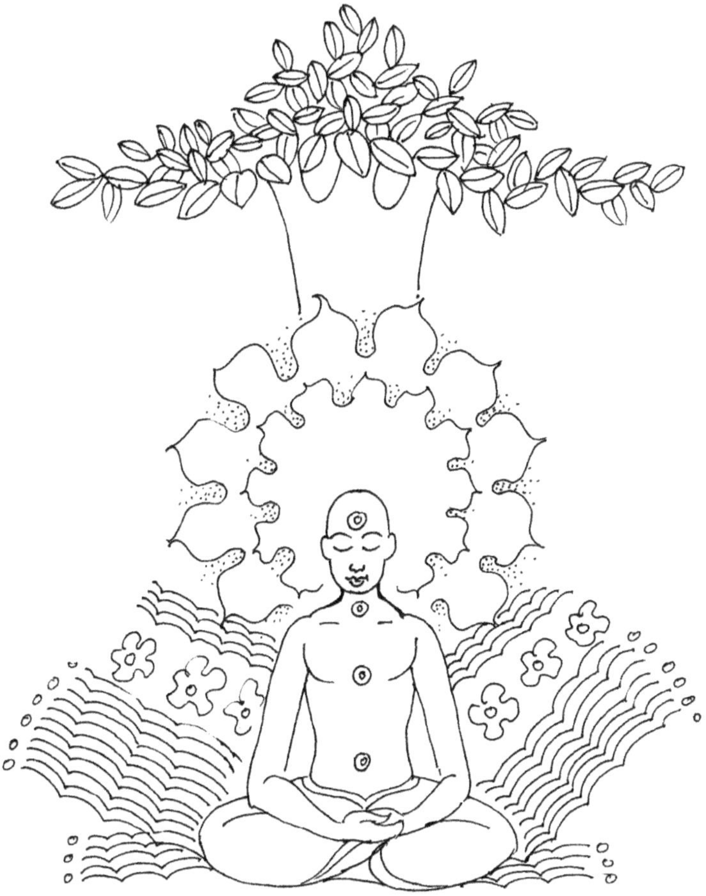

El sol del conocimiento

6

La negrura de la noche huye con el amanecer. La atmósfera de miedo que crea la oscuridad se desvanece. Todos los recelos desaparecen. Los rayos del sol infunden a todos los seres una vitalidad renovada. El cambio que crea el amanecer interior de Amma, el sol del conocimiento, es parecido.

Más alarmante que la noche es la oscuridad que engendra la ignorancia. La mente puede crear la ilusión de algo que no existe. Este pensamiento también es la causa de nuestra ignorancia sobre todo lo que existe.

Si tratamos de aprender sólo acerca del mundo exterior y no sobre nosotros mismos, no podremos entender la realidad. Todo lo que vemos y oímos son meras proyecciones de nuestras propias concepciones.

Un hombre que se sentía triste en medio de personas que hablaban en idiomas desconocidos se sintió reafirmado cuando oyó el sonido de su propia lengua. Cuando alguien le explicó lo que los demás habían estado diciendo, su expresión facial cambió: aunque no fuera consciente de ello una sonrisa se dibujó lentamente en su rostro.

Aquel pobre hombre había creído que los demás se estaban burlando de él. Sólo supo que le habían estado elogiando cuando alguien que conocía su lengua se ofreció a explicarle todo pacientemente. Comprendió que había estado malgastado el tiempo compadeciéndose de sí mismo cuando debería haber estado regocijándose.

Somos muy afortunados de tener con nosotros a una *mahāguru* (gran *Guru*) en la forma de una Madre para eliminar ideas equivocadas como ésas sobre la vida.

karayunnatiniyentinakhilēśi
tirupādattaṇaññennatariññillayō

¿Por qué lloras? ¿No sabes que has llegado junto a los Pies Sagrados de la Diosa del Universo?

Del bhajan "*Akalattākōvilil*"

Recuerda estos versos. Sin embargo, incluso después de haber recibido el *darśan* de Amma, los enemigos en forma de gustos y aversiones pueden convertirse en la causa de experiencias dolorosas. Aún así, podemos destruirlos por medio del discernimiento.

Recuerdo algo que sucedió antes de que me hiciera residente del *āśram*. Uno de los días de *bhāva darśan* no tuve ocasión de hablar con Amma. Sintiéndome abatido, me senté en un rincón del jardín, frente al *kaḷari*. Se acercaba el amanecer. Aunque el *bhāva darśan* hubiera terminado, todavía Amma no se había ido a dormir. Muchos devotos la rodeaban frente al *kaḷari*. Algunas personas creían que, en cuanto terminaba el *bhāva darśan*, Amma volvía a ser una niña. Nunca sentía timidez al cantar en voz alta, bromear o incluso pelearse con los devotos. Amma sabía comportarse como una niña ante los que la veían como a una niña. También sabía ser *Devi* ante los que la veían como a la Diosa. Quizás estas *līlās* fueran necesarias para enseñarnos que Amma podía ser lo que quisiera. En su presencia, toda la dicha que las personas experimentaban la expresaban elocuentemente por medio de sus expresiones faciales. Los que tenían que marcharse en el autobús de las cinco de la mañana no dejaban a Amma. Se habían convertido en personificaciones de la inocencia, totalmente inconscientes del tiempo o del lugar. Estaban cantando y bailando con Amma.

Amma se levantó de repente de aquel sitio. Corrió hacia donde yo me encontraba. Se sentó en el suelo a mi lado y me preguntó:

—Hijo, ¿por qué estas sentado solo? ¿No quieres a Amma? ¿Te has hecho tan fuerte que ya puedes sentarte completamente solo? La soledad es buena, hijo. Debes disfrutar de la experiencia de la soledad.

Meciendo mi cabeza sobre sus hombros, cantó:

enne marannu ñān ennilūṭennoru tankakkināvil layiccu
koṭiyabdhangaî pinniṭṭa kathakaḷen
cārusirayiludiccuyarnnu
annutoṭṭanyamāyi kāṇan kazhiññilla ellām
entātmāvennōrttu

Olvidándome de mi mismo, me fundí en un sueño dorado que surgió de mi interior.
Los acontecimientos de millones de años pasados surgieron dentro de mí.
Desde aquel día fui incapaz de percibir nada como diferente o separado de mi propio Ser interior; todo era una única unidad.

Del bhajan "*Ānandavīthiyil*"

Amma dijo:

—Hijo, cuando hayas conocido la dicha de la soledad, ya no tendrás nunca más el sentido de lo otro.

"Desde aquel día fui incapaz de percibir nada como diferente o separado de mi propio Ser interior; todo era una única unidad": Amma cantó ese verso una y otra vez.

Los que se han vuelto uno con la naturaleza, los que saben que se han disuelto en el océano de *Brahman*, no tienen ningún sentido del "otro". Todo es suyo. Ven su propio Ser en todas partes.

La soledad no significa sentirse solo. El pensamiento de que estamos solos produce dolor. Hace que nos asustemos. Destruye la autoconfianza. Alimenta la ansiedad y llena la vida de miserias. Sin embargo, la soledad no es así. Es un estado de unión con Dios. Está llena de momentos inapreciables en los que se comparte el corazón con Dios. ¿Dónde está el lugar en el que podemos sentirnos solos? Si Dios está presente en todo lugar, no tiene sentido siquiera pensar que estamos solos. Debemos ser capaces de saborear la soledad.

La vida es una carrera. ¿Dónde hay tiempo para la soledad si estamos aprisionados en la red de los apegos? La vida material se convierte en una prisión. Si seguimos allí, ¿cómo podemos conocer la belleza del amanecer dorado de la libertad eterna? Por eso, Amma dice: "Hijos, sed libres. Entended que la vida actual es una esclavitud. Cambiad las ideas que habéis abrigado hasta ahora".

Un elefante que ha sido atrapado acaba sometiéndose a sus domadores. Después de su educación ya no trata de liberarse, aunque el lugar donde esté encerrado esté hecho de ramitas. Nadie le dice que está prisionero en una jaula de pequeñas ramas. Como cree que está rodeado de barras de hierro, el elefante trata de acostumbrarse a su cárcel. Nosotros estamos presos en una jaula que es aún más endeble que la cerca de ramitas. Sin embargo, ni un sensualista ni un indolente pueden liberarse. Sólo pueden hacerlo los valientes. Si podemos liberarnos de esta jaula, todas las nociones que hemos albergado quedarán eliminadas. La vida se convertirá en un patio de recreo donde experimentar la dicha ilimitada.

Con la práctica, podemos permanecer solos incluso en medio de una multitud enloquecedora. Debemos entrenar la mente. Cuando podamos ver el Ser en todo, el sentido de lo "otro" empezará a desvanecerse.

Debemos llenarnos de fuerza en lugar de derrocharla. Debemos convertirnos en un almacén de energía. Cuando la luz del Ser empiece a desbordarse surgirá la sensación de que el propio

Ser lo ha llenado todo. Recordemos el consejo de Amma: "No malgastes tu energía regañando a otros o apenándote".

Debemos imbuirnos de la dicha de la soledad en lugar de ponernos melancólicos en el aislamiento. Cuando Le entregamos nuestros dolores al Señor, hasta las lágrimas de tristeza resultan agradables. Debemos tener cuidado de no identificarnos con las nubes de lluvia de nuestros sufrimientos. Estas nubes son fugaces. ¿Cómo pueden las nubes de nuestros débiles pensamientos ocultar el sol de nuestro Ser? La idea de que las nubes están ocultando el sol es una mera fantasía. Comparadas con el tamaño del sol, ¡qué enclenques son las nubes! Basta un soplido para dispersar las nubes de la debilidad. A nosotros nos parece que las nubes ocultan el sol. Sin embargo, en realidad están ocultando nuestra visión y no el sol. Debemos abrir el ojo que el velo de *Māyā* no puede tapar: el ojo del conocimiento.

Amma ha venido para abrir nuestro ojo del conocimiento. A cambio, Ella acepta la carga de nuestros pecados. Para los *mahātmas* que encarnan la compasión, hasta el *samsāra* es un campo de juego.

El viaje al Ser es como escalar una montaña. Como es una expedición hacia la cumbre, debemos dejar las cargas innecesarias o de lo contrario el viaje será difícil. Cuanto más ligera sea la carga, más fácil será el viaje.

En realidad, nada de lo que cargamos es necesario. Somos como el lunático que mete un montón de basura en sacos y los arrastra montaña arriba. Cansados e incapaces de concluir el viaje, acabaremos sometiéndonos a la muerte.

Podemos poner a los pies de Amma el peso de las deudas kármicas que hemos estado cargando durante vidas enteras. Las barreras del egoísmo se derrumban en su presencia, que el poder cósmico ha suscitado para liberar millones de vidas. Las penas del *samsāra* se disuelven en la maravilla de la maternidad universal.

El mundo es sostenido por el poder fascinante del amor. Donde hay amor, no hay distancia. Si hay amor, hasta el lenguaje se vuelve superfluo. El silencio es el idioma del *Ātma*, del alma. El Ganges del Amor cae en cascada desde el nivel del *Ātma*. Las palabras son incapaces de definir lo que el silencio puede transmitir. En los viejos tiempos, la *Guru* y los discípulos conversaban íntimamente en silencio. Habían alcanzado un estado en el que podían comprenderlo todo sin hablar. Esto es posible en la cúspide del amor. La madre sabe lo que su hijo hambriento necesita incluso antes de que su rostro se entristezca.

Había sido incapaz de captar en las palabras o en los libros la sabiduría que Amma transmitía por medio de su silencio durante los primeros días, después de llegar a su presencia. Aprendí que si somos observadores comprenderemos lo grandes que son los cambios que ocurren en nuestras mentes por los cambios en las expresiones faciales de Amma. Su simple mirada tiene más poder que mil palabras. ¿Qué es lo que no puede enseñarse? "Eso" es lo que enseña la *Guru*.

Amma enseñaba incluso en sus días de absorción en meditación silenciosa. Ella siempre está tratando de unir los corazones humanos por medio del amor supremo. La lluvia de gracia de la *Guru* cae sobre el discípulo que tiene una actitud de amor y de entrega. *Ekalavya* se apropió de las lecciones de tiro con arco de *Droṇācārya*[13] mediante esta actitud de entrega. Donde hay amor, hay entrega. Un *jñāni*, conocedor de la verdad suprema, está

---

[13] Según la historia del *Mahābhārata*, *Droṇācārya*, un maestro arquero, se había negado a enseñar tiro con arco a *Ekalavya* cuando éste se le acercó para recibir instrucción. Pero *Ekalavya* aprendió en secreto, espiando a *Droṇācārya* y después practicando frente a una efigie de *Droṇācārya*. Cuando *Droṇācārya* se enteró, le pidió su *dakshiṇa* (honorarios) de Guru: el pulgar de *Ekalavya*. En el espíritu de verdadera entrega al *Guru*, *Ekalavya* se cortó el pulgar alegremente y se lo dio a *Droṇācārya*, aunque sabía que, al hacerlo, quedaría incapacitado para volver a practicar tiro con arco.

enamorado del universo. ¿Cómo puede alguien que experimenta todo en sí mismo no amar? Cuando el niño *Kṛshṇa* abrió la boca para revelar todo el universo, *Yashoda* se desvaneció. Aunque sus hijos no tienen la fuerza mental suficiente para soportar la visión cósmica, Amma ha venido dispuesta a hacernos entender todo por medio de su cariño maternal.

Cada pensamiento de nuestra mente es capaz de influir enormemente en la naturaleza. Por eso, es un pecado contaminar la naturaleza de malos pensamientos.

"Manaḥ kṛtam kṛtam rāma, na sarīra kṛtam kṛtam" dice el sabio *Vaśishṭha* en el *Yoga Vaśishṭha*. Lo que la mente hace es un acto, no lo que hace el cuerpo. En otras palabras, una acción se considera una acción sólo si la mente está detrás de esa acción. Sin embargo, aunque actuemos sólo con la mente y no con el cuerpo, todavía podemos recoger los frutos de esa acción, aunque no la hayamos realizado físicamente.

Amma nos advierte que manejemos el instrumento de la mente muy cuidadosamente. La manera en la que las personas manejan la mente es parecida al caso de un niño al que se le ha dado una antorcha encendida. Utilizar la mente sin comprender sus secretos puede provocar una completa destrucción.

Por eso la *Guru* nos da un *mantra*, para que podamos domar la mente. Recitar el *mantra* es una forma de limpiar la corriente de pensamientos. No es fácil eliminar los pensamientos totalmente; pero podemos utilizar los buenos pensamientos para debilitar y, gradualmente, detener los otros pensamientos por completo. Como dice Amma, si seguimos virtiendo agua fresca en un jarro con agua salada, su salinidad disminuirá gradualmente. Por tanto, debemos llenar nuestra mente de pensamientos nobles. Así podremos lograr la pureza interior muy rápidamente.

Enamorados de la naturaleza

7

En la india, el culto no es más que un entrenamiento para lograr que las personas se enamoren de la naturaleza. Todavía podemos experimentar el fenómeno de cada objeto de la naturaleza satisfaciendo los *sankalpas* (resoluciones) inocentes de las personas.

Recuerdo algo que sucedió cuando estaba en cuarto grado. Estaba en el hogar ancestral de mi madre del *pūrvāśram*. Se podía ir a pie desde mi escuela. Solía disfrutar de los paseos por los caminos y los campos de caña de azúcar. Cuando llegué a casa para almorzar, mi abuela me dijo:

—Hijo, después de comer debes ir al templo de los *nāgas*. Tu tío te está esperando allí.

Fue entonces cuando recordé el festival en el templo de nuestra familia. Mi abuela exigía que todos los miembros de la familia participasen en el culto.

Bajé corriendo por las escaleras de piedra del frente de la casa. Correr es natural para los niños, que consideran la velocidad, y no la lentitud, agradable. La fatiga es desconocida por los niños, en quienes el entusiasmo se nota en cada movimiento. Mientras corría hacia el templo, sentí que pisaba algo como de goma. Me di la vuelta para mirar. ¡Era una cobra con la capucha levantada! Asustado, corrí a esconderme detrás de un árbol y me quedé observando. Lentamente, la cobra se deslizó hacia adelante hasta llegar al camino que yo tenía que tomar, y allí se quedó. ¿Cómo podía ir ahora por ese camino? Me di cuenta de que correr había sido una mala idea. Me dije que no debía haber tomado el atajo, cuando había un ancho camino por el que podía haber ido. Regresé a casa pensando en la serpiente que no me había mordido aunque la hubiera pisado. Cuando llegué a la puerta, vi a mi abuela esperándome. En cuanto me vio, mi abuela se rió y dijo:

—Sabía que vendrías. Les recé a los dioses serpiente.

—¿Por qué? —pregunté, sorprendido.

— Me olvidé de darte el coco que hay que dar como ofrenda en el templo. Así que les recé a los dioses serpiente para que te hicieran regresar.

Cuando le conté que había pisado una serpiente, mi abuela se rió:

—No te preocupes, hijo mío. Los dioses serpiente no te harán daño.

Metió un coco en una bolsa y me la dio.

—Hijo mío, debes ofrecer este coco en el santuario de los dioses serpiente.

Al parecer, en una ocasión mi abuela se había sentido triste cuando el macizo de flores del cocotero no había dado frutos. Entonces prometió: "Si este cocotero da frutos, ofreceré el primer racimo de cocos a los dioses serpiente".

Sin embargo, mis tíos, que no sabían nada de esta promesa, cortaron todos los cocos del árbol para beberse el agua de coco. ¡Hasta mi pobre abuela se olvidó de la promesa! La siguiente vez que este árbol dio cocos, ¡parecían serpientes! La gente se congregó para ver los cocos, que se parecían a las capuchas levantadas de las serpientes. Todos los cocos fueron ofrecidos en el santuario de los dioses serpiente. Como muestra de su arrepentimiento, mi abuela prometió ofrecer un coco cada año a partir de entonces. El coco que mi abuela me había dado era el de ese año.

A esa tierna edad no reflexionaba sobre el significado de estos acontecimientos. No es difícil aceptar simplemente que "las cosas son así": a esa edad no hay espacio para la duda. Sin embargo, las preguntas surgen cuando el intelecto se desarrolla. La explicación de esas experiencias, que sólo aquellos que han sondeado los misterios de la mente cósmica pueden ofrecer, parecían naturales entonces. Más tarde, cuando buscaba respuestas a estos fenómenos, empecé a aceptar el hecho de que hay muchos fenómenos en la naturaleza que el intelecto no puede comprender.

Tanto los seres que se mueven como los que no (esto es, los seres humanos, los animales y las plantas) pueden comprender la vibración de las mentes que están en sintonía con la naturaleza. La pureza de la inocencia hace que las flores del corazón florezcan. Amma nos acaricia con la brisa fresca del amor maternal para infundirnos la fragancia del amor. Cuando comprendemos que las manos ocultas de Amma están en todos los lugares del universo, adquirimos confianza en nosotros mismos.

Amma dice que todo puede lograrse por medio de *sankalpas* inocentes. Esa inocencia es innata en el caso del *jñāni*. Aunque la inocencia de un niño y la de un *jñāni* puedan parecerse, la causa de la inocencia de un niño es la ignorancia, mientras que la de un *jñāni* es la omnisciencia.

La belleza de la ignorancia de un niño y la belleza de la sabiduría de un *jñāni* los convierte a ambos en centros de atracción. Incluso la visión de la cría de un animal salvaje provoca en todos sentimientos de tierno afecto. ¿Quién sino una *jñāni* como Amma puede ser una niña y la madre universal al mismo tiempo?

Aunque podamos distinguir diferentes aspectos de Amma —como la confianza de ser cualquiera que quiera ser, la intrepidez, el sentido del humor y la humilde actitud de no saber nada—, Ella misma teje los velos de *Māyā* que impiden a los demás entender "qué" es Amma. Algunas veces recuerdo los días en los que vagaba sin saber que el autoconocimiento no está iluminado por la tenue luz del intelecto.

En mis días de estudiante tenía la afición de montar en bicicleta. Solía pedalear por arrozales desiertos. Estas excursiones se convirtieron en experiencias de un tipo totalmente distinto cuando conocí a Amma. Me quedaba maravillado viendo cómo el cariño de Amma se manifestaba en todas las escenas de la naturaleza. Cuando veía a las diminutas ranas zambulléndose en el agua, asustadas por mi bicicleta, ya no podía seguir pedaleando junto a los caballones. Tampoco tenía valor para romper el anillo de pájaros multicolores que alegremente circunambulaban las pequeñas parcelas de los campos, rociando de tonalidades el paisaje. Cuando empecé a darme cuente de que todo proclamaba la gloria de Dios, cada escena empezó a llenarme de alegría divina.

Nunca podemos cansarnos de la belleza de la naturaleza, por mucho que la saboreemos. Si logramos movernos con la prístina corriente del amor de la naturaleza, nuestras concepciones del tiempo y el espacio dejarán de existir. El futuro y el pasado desaparecerán cuando alcancemos la cumbre del amor divino. También el tiempo se evapora. De este modo, el amor puede llevarnos al umbral del *samādhi.*

Mis excursiones en bicicleta por paisajes de opulenta naturaleza acababan, a menudo, con algún problema. En una ocasión seguí pedaleando hasta que oscureció. Era uno de esos viajes que se emprenden sin tener ni idea de hacia dónde te estás dirigiendo. Los grandes arrozales se extendían en las cuatro direcciones. Al darme cuenta de que me había perdido y de que no tenía ni idea de dónde estaba, me detuve. Pensé en preguntarle a alguien, pero como ya se habían acabado las horas habituales de trabajo agrícola no había nadie en aquel desierto lugar. Reanudé mi pedaleo, pensando seguir hasta encontrar a alguien. No tenía ni idea de hacia dónde me dirigía. No perdí la ocasión de disfrutar del esplendor de la noche. Las nubes plateadas parecían estar acompañándome a la luz de la luna. El miedo de estar solo desapareció. De repente, sucedió: ¡la luz de la bicicleta dejó de funcionar! Incapaz de ver el camino, torcí en una esquina haciendo que la bicicleta patinase. Me caí en una pequeña charca. Cuando vi que el agua sucia había teñido de ocre mis mojadas ropas, sentí cierta alegría. Pensé que quizás fuera el presagio de alguna gran acción que haría en el futuro. Saqué la bicicleta del agua, la puse en el camino y la examiné. Cuando hice girar las ruedas vi que la bombilla funcionaba bien. ¿Cómo iba a regresar sin lavarme la ropa? No había indicios de ninguna casa cerca. Vi un pequeño templo cerca de donde me había caído. Estaba cerrado, porque el culto diario había concluido. Entonces vi una luz en la distancia. Caminé hacia ella. ¡Gracias a Dios! Era una casa. La lámpara que habían encendido en el crepúsculo no se había apagado. Al ver a un desconocido en aquel inusual atuendo, el hombre de la casa preguntó:

—¿Qué ha pasado? Por la pinta, debes de haberte caído en el arrozal.

Me hizo entrar en la casa y me preparó un baño. Después de bañarme, me senté en la veranda. Tenía la ropa mojada; la había lavado porque estaba sucia.

—Hijo mío, la gente siempre se cae justo en ese sitio. Nadie sabe por qué. Es la ruta de la Diosa. Nadie cruza ese camino en bicicleta. Los que lo han intentado siempre se caen.

El hombre sonrió y prosiguió:

—Probablemente no te bajaras de la bicicleta en ese lugar.

La mujer de la casa salió con una taza de café y dijo:

—Toma una taza de café caliente.

Mientras aceptaba la taza, pensaba: "¡Esto es realmente asombroso! Amma les ha pedido a personas de todas partes que expresen amor". Recordé sus palabras inmortales: "Hijos, no penséis que Amma está limitada a este cuerpo".

Debe de haber habido un poder invisible que inspiró a esta pareja para expresar tanto amor y bondad a un completo desconocido. Entendiendo que la mano de Amma estaba detrás de aquello, me postré en mi corazón ante aquellas personas y regresé a casa.

El flujo del amor de Amma me permitía sentirme como un niño ante todo el mundo. Su consejo de ser un principiante eliminaba siempre todas las ocasiones de que el ego levantase su fea cabeza. Me marché solamente después de recibir las instrucciones concretas para regresar. Cuando llegué al templo me apeteció quedarme a descansar un rato bajo el baniano. Había un santuario pequeño, viejo y ruinoso tras las maltrechas paredes del templo. Me senté un rato debajo del baniano. No me di cuenta de que seguía sentado allí hasta el amanecer. Traté de recordar lo que había sucedido. Cuando vi las flores sobre mi regazo, lentamente, empecé a recordar lo que había pasado...

Cuando me senté bajo el baniano, se puso a llover. El viento hizo que muchas flores cayeran en mi regazo. Cuando traté de levantarme me di cuenta de que no podía. ¡No podía ni moverme! Me sentí angustiado. De repente, la fragancia de flores de jazmín llenó todo el lugar. No tuve que adivinar qué manos me estaban acariciando. Una presencia que la luz de la luna no iluminaba me transportó al reino de la dicha divina: uno de esos infrecuentes momentos en que el tiempo desaparece. Cuando me desperté, me puse a sollozar como un niño. Cuando se ha bebido el amor de la madre universal, uno no se apega nunca más a nada. Primero me caí de cabeza en la charca y después me tropecé con la experiencia divina, y entendí que todo había sucedido por la gracia de *Jagadīśvari*, la Diosa del Universo. La paz que experimenté bajo el baniano era la misma paz que disfruto cuando me siento al lado de Amma. Con lágrimas en los ojos, recordé las palabras de Amma: "Amma no está limitada a este cuerpo".

Las pruebas en la búsqueda de Dios

8

Muchos no entendían bien qué significaban los *bhāva darśans* de Amma. La mayoría creían que el espíritu de *Kṛshṇa* o *Devi* poseía a Amma durante los *bhāva darśans.* Yo también tenía mis dudas respecto a este asunto. ¿*Kṛshṇa* y *Devi* "poseyendo" el cuerpo de alguien? Cuando empecé a buscar a Dios mi objetivo era destruir la fe ciega.

Empecé a observar a Amma muy de cerca durante los *bhāva darśans.* Aunque mi intelecto no podía aceptarlo, lo extraordinario de lo que veía me tenía perplejo. La espontaneidad y la perfección de cada movimiento de Amma me conquistaron. ¿Qué era exactamente un *bhāva darśan*? ¿Qué le sucede a Amma durante ese tiempo?

Lo que hace a Amma divina es la plenitud de sus *bhāvas.* Cuando muestra el estado maternal, es una madre que colma de cariño. Cuando asume el *Guru Bhāva*, Amma es una estricta maestra. Cuando está en *Kṛshṇa bhāva*, es el ser amado en *Ambāḍi*[14] que hace reír a todos con sus bromas. En *Devi bhāva* es *Parāśakti*, la Madre del Universo. La plenitud de estos *bhāvas* sólo puede verse en Dios. Esa plenitud nunca se percibe en ningún acto humano, que siempre arrastra las sombras de la limitación y la artificialidad.

Una vez, mientras estudiaba en la escuela, fui a un recital de flauta. Me cautivó totalmente. Tenía muchísimas ganas de aprender a tocar la flauta, pero mi padre no estaba a favor. Desaprobaba cualquier cosa que distrajera mi atención de los deberes escolares.

Un día vi a un hombre que tocaba maravillosamente la flauta en un templo cercano donde se estaban celebrando algunas festividades. Cerca de él se vendían algunas flautas. Compré una

---

[14] El lugar donde creció el Señor *Kṛshṇa.*

e intenté aprender a tocarla solo. Era demasiado difícil. Me di cuenta de que necesitaba a una *Guru* que pudiera enseñarme a tocar la flauta. Le conté el problema a mi abuela.

Ella me hizo una sugerencia. Dijo que sería suficiente con rezarle al Señor *Kṛshṇa*, el mejor flautista que ha existido nunca. Sin duda me enseñaría. Mi abuela me lo garantizó. Yo confié en ella. Fui al templo de *Kṛshṇa* y le recé al Señor para que fuera mi maestro de flauta. Mis oraciones recibieron respuesta: en poquísimo tiempo fui capaz de tocar algunas canciones sencillas con la flauta. ¡Estaba en el séptimo cielo!

Decidí probar a Amma para ver si podía recordar cómo el Señor *Kṛshṇa* me había bendecido para que aprendiera a tocar la flauta. En una ocasión, durante el *Kṛshṇa bhāva*, envolví la flauta en un papel y la llevé al *kaḷari*. Le mostré a Amma el paquete y le pregunté si podía decirme lo que había en él. Ella contestó, riendo:

—Hijo, dímelo tú.

Yo dije:

—Yo sé lo hay. Fui yo quien lo envolvió. Quiero oírle a Amma decirlo.

Amma sólo se rió como respuesta. Finalmente, me hizo decirlo. Pensando que Amma no había logrado saber lo que era, le dije que era una flauta.

Entonces, Amma dijo:

—Hijo, ahí no hay ninguna flauta. Es un tubo de varillas de incienso.

—Amma, ¡te has equivocado!

Cuando le dije jubilosamente que era mi flauta y que yo mismo la había envuelto, Amma me pidió que la desenvolviera. Como todo el mundo estaba mirando con expectación, deshice el paquete. Lo que vi me dejó asombrado: ¡Era un tubo de metal que contenía varillas de incienso! No podía creer lo que veía. ¿Cómo había sucedido?

—Amma, ¿eres una maga? ¡Has convertido una flauta en un tubo de varillas de incienso!

No quería seguir probándole a Amma, pero quería recuperar la flauta. Le pregunté:

—¿Dónde está mi flauta?

—No lo sé, ¿No fuiste tú el que la envolviste?

Incapaz de responder su pregunta, me quedé de pie estupefacto. Momentos después, Amma dijo:

—Está detrás del cuadro del Señor *Kṛshṇa* que hay en la habitación de *pūja* de tu casa.

Regresé a casa inmediatamente y, cuando entré en la habitación de la *pūja*, me puse a buscar la flauta. Realmente, estaba allí, donde Amma había dicho que estaría. ¿Cómo había sucedido eso? ¡Me quedé asombrado! Decidí investigar el asunto a fondo. Traté de recordar lo que había sucedido ese día en orden cronológico.

Ese día, cuando estaba a punto de salir de casa después de envolver la flauta, oí a mi madre del *pūrvāśram* llamarme desde la cocina:

—Hijo, no te vayas sin haber comido nada.

Como era demasiado temprano, no quería comer nada. Sin embargo, como mi madre volvió a insistir, dejé la flauta envuelta sobre la mesa de la sala de estar y fui a la cocina para desayunar. Entonces fue cuando mi padre llegó a casa con un tubo de varillas de incienso envuelto en papel. Antes de entrar en la habitación de la *pūja* fue al baño a lavarse las piernas y dejó el paquete con las varillas de incienso sobre la mesa. Después de lavarse las piernas, tomó sin querer la flauta envuelta en lugar de las varillas de incienso y la puso detrás del cuadro del Señor *Kṛshṇa*, donde normalmente guardaba las varillas de incienso. Cuando volví de la cocina recogí el paquete que vi sobre la mesa, pensando que era la flauta con la que tenía intención de probar a Amma y, apresuradamente, caminé hacia la parada de autobús. Entonces no era consciente de que Amma, a la que le encanta la diversión, ya había intercambiado los dos paquetes para jugarme una mala pasada. Me alegré cuando me di cuenta de que no había perdido la flauta. También me di cuenta de que admitir una derrota ante alguien a quien amas es una gran dicha.

En el *Mahābhārata* se narra algo que sucedió durante los años que los *Paṇḍavas* pasaron de incógnito. Un día, el Señor *Kṛshṇa* se reunió con los *Paṇḍavas.* Se tumbó, apoyando la cabeza sobre el regazo de *Arjuna,* y empezó a hablarle. Le preguntó:

—*Arjuna*, ¿ves aquel cuervo?

Arjuna miró atentamente y dijo:

—Sí, mi Señor, veo el cuervo.

Entonces, el Señor dijo:

—Creo que es un cuco.

Arjuna respondió:

—Sí, ciertamente es un cuco.

Entonces, el Señor dijo:

—*Arjuna*, no es un cuco sino un pollo de pavo real.

Incluso entonces, *Arjuna* dijo:

—Estás en lo cierto. Puedo ver que es un bonito pollo de pavo real.

El Señor dijo, entonces:

—*Arjuna*, en realidad no es ni un cuervo, ni un cuco, ni un pollo de pavo real. Realmente es un buitre.

Prosiguió:

—Puedes verlo con tus propios ojos y saber qué clase de ave es. Siendo así, ¿por qué estabas de acuerdo con todo lo que decía?

La respuesta de *Arjuna* fue digna de un verdadero devoto:

—Oh, Señor, como eres omnipotente puedes convertir un cuervo en un cuco y un cuco en un pollo de pavo real. Sé que tu percepción es más correcta que la mía.

Recordando esta historia, puse fin a mi tendencia a probar a Amma. Colmándonos generosamente de cariño, Amma se esfuerza por guiarnos hasta las ventanas de los misterios de la vida. Crea situaciones que un día nos despertarán del sueño y nos llevarán a esas ventanas. Debemos esforzarnos sin cesar por elevar nuestra perspectiva. Debemos desarrollar nuestra visión espiritual de modo que podamos contemplar a Dios. Entonces podremos cantar en la embriaguez de la dicha, como Amma. Una *Guru* como Amma es como un puente que puede llevarnos al estado supremo. Este puente tiene dos extremos: uno está en la orilla donde nos encontramos y el otro nos lleva a la orilla de la Inmortalidad. Por eso se dice que la *Guru* es más grande que Dios.

Una vez, un *mahātma* dijo: "Puedo renunciar a Dios, pero nunca podré dejar a mi *Guru*. La razón es que Dios me ha bendecido con esta vida, pero la *Guru* me ha liberado de las mallas de *Māyā*".

Dicho esto, una *Guru* como Amma está tanto cerca como lejos. Podemos sentir el cariño maternal de Amma; pero, a la vez, Ella no está apegada a nuestros cuerpos materiales y siempre está inmersa en el océano de la dicha suprema. En este sentido, se puede decir que está lejos. Jesucristo dijo: "Soy el camino y la Meta". Cuando hemos desarrollado un vínculo con la *Guru*, Ella será el puente que nos lleve a la meta suprema. Si esto es lo que va a suceder, debemos sentir un inmenso amor por la *Guru*. Ese amor nos llevará a las orillas sin límites del océano de la dicha. La *Guru* ilumina nuestro camino con la clara luz de la comprensión. Todo lo que la *Guru* hace es aclarar y restaurar nuestra visión divina. En esa claridad, todo se vuelve posible.

Amma dice que para alcanzar la meta suprema es necesaria una fe incondicional. Si nos quedamos con Ella nos daremos cuenta de que nada es imposible. Todos los individuos son personas con una fuerza inmensa, porque la divinidad está dentro de todos. La fuente de nuestro ser es Dios, pero la mente humana se olvida de ello. Las personas se imaginan que carecen de esa fuerza y se esfuerzan por adquirirla por medios artificiales, como el dinero, el poder o la fuerza. Eso es lo que hacen millones de personas. Pero están buscando en los lugares equivocados. Sin el mar no puede haber olas. Una ola no es más que un movimiento del mar. Es el juego natural y dichoso del mar. La ola posee una fuerza excepcional. Sin embargo, sólo se da cuenta de esa fuerza cuando comprende que es una manifestación del inmenso océano.

La ola podría olvidarse de ello. Aunque no sepa lo que es un mar, sigue estando en ese mar. Amma, el océano de la compasión, está hoy aquí, con nosotros, para ayudarnos a darnos cuenta de nuestra verdadera naturaleza.

Recuerdo algo que sucedió durante uno de los *Kṛshṇa bhāva darśans* de Amma. Durante el *Kṛshṇa bhāva*, Amma daba *darśan* mientras se mantenía de pie apoyando un pie sobre un pedestal. Se podía ver con claridad cómo vibraba todo su cuerpo. La ropa y los ornamentos con los que los devotos la adornaban relucían mientras su cuerpo vibraba. Había una sonrisa traviesa en su cara cuando miraba hacia los lados. Incluso el color de su piel se volvía azul oscuro. Su belleza divina era inefable. La masa de devotos se quedaba absorta con el fervor de las canciones devocionales y experimentaba una dicha celestial. Las escenas de devotos que habían llegado con el corazón cargado de pesadas penas y que acababan echándose a reír eran frecuentes durante el *Kṛshṇa bhāva*. Los que habían venido a contar sus penas a menudo no tenían ocasión de hacerlo: o les llenaba la boca de trozos de plátano o les echaba agua en la boca con una jarra sin detenerse. Al final se olvidaban de todas sus penas y se marchaban riéndose. Aunque no se les hubiera permitido decir nada, me di cuenta de que les susurraba al oído la solución a sus problemas. ¿Cómo conoce Amma la mente de los demás? ¿Podría Ella entender mi mente? ¿O sólo conoce lo que puede ver con los ojos? Traté de probarla.

Con su mirada y su toque llenos de compasión, Amma bendecía a la multitud de devotos que se quedaban asombrados ante el poder que ejercía, un poder capaz de crear el cielo en la tierra. Los devotos añoraban una ocasión para estar cerca de Amma y abanicarla. Y tampoco dudaban en competir por esa oportunidad. Ese día tuve ocasión de abanicarla. Aunque la abaniqué durante mucho tiempo, no estaba en absoluto cansado, y por eso no me apetecía darle el abanico a los que me lo pedían. Durante el *Kṛshṇa bhāva* Amma se movía de vez en cuando hasta la entrada del *kaḷari* y miraba a los devotos que esperaban fuera. Olvidándose de todo en la embriaguez de los *bhajans*, los devotos bailaban de dicha cuando veían la fascinadora forma.

Amma se desplazó hacia la puerta del *kaḷari*. Observando la oleada de devotos que había fuera, Amma se mecía de un lado a otro. El fervor de los que cantaban *bhajans* aumentó. Sus voces se hicieron más fuertes. El *tejas* (resplandor espiritual) de Amma parecía haberse concentrado en su cara.

Miré cerca del pedestal donde Amma había apoyado el pie. Allí había un recipiente que contenía los trozos de plátano que Amma ponía como *prasād* en la boca de los devotos. Nadie me estaba mirando. Todos los ojos estaban en Amma. Tomé uno de los trozos de plátano y me lo metí en la boca. Amma todavía estaba mirando hacia afuera. Quería saber si Ella sabía lo que yo había hecho. Al cabo de diez minutos Amma regresó adonde estaba el pedestal. Para entonces ya me había tragado el trozo del plátano. Amma me miró y sonrió. Volviéndose hacia los devotos que la rodeaban, dijo:

—¡Cuidado! ¡Aquí hay un ladrón!

Sólo Amma y yo comprendíamos lo que había sucedido. Los demás, no. Amma tomó uno de los chales que llevaba y, utilizando un extremo, me ató las manos juntas. Se ató el otro extremo a la cintura. Pasaron muchas horas. Debido al enorme tamaño de la multitud de devotos, el *darśan* prosiguió durante mucho tiempo. Al final del *darśan* Amma me susurró al oído:

—Hijo, Amma se dio cuenta de tu travesura.

—¡Ahora entiendo que Amma tiene ojos hasta en la nuca!

Al oír mi réplica Amma sonrió. Me desató las manos. Para entonces Amma había atado para siempre mi alma a la suya con cuerdas de amor que no pueden desatarse nunca.

La dulzura de la muerte

9

Todo el mundo teme la muerte. El anhelo de conservar la vida es igual de intenso en todos los seres. La muerte es una experiencia divina. A menudo se convierte en nuestra *Guru*. El Rey *Parikshit* no se volvió desapasionado hasta que supo que iba a morir. Fue la preocupación por la muerte la que puso al príncipe *Siddhārtha* en el camino de la Budeidad.

La verdad es que sólo los que han realizado buenas acciones y han llevado una vida pura pueden saborear la muerte. Amma me bendijo con otra experiencia más que me enseñó los mayores secretos sobre la muerte.

Después de conocer a Amma, era habitual que me marchara de la universidad durante los fines de semana para irme rápidamente a *Vaḷḷickāvu*. Los lunes por la mañana la propia Amma me obligaba a regresar a la universidad. Un lunes por la mañana, cuando fui a despedirme de Ella, me dijo que ese día no fuese. ¡Estaba encantado! Así que pude pasar todo el día con Amma.

Ella misma me hizo la comida. Me hizo sentarme junto a Ella y meditar durante mucho tiempo. Más tarde, comprendí que Amma había hecho todo eso para prepararme para un nuevo nacimiento.

Esa tarde, después de los *bhajans*, mientras *Bālagopāl* (*Swāmi Amṛtasvarupānanda Puri*) y yo estábamos detrás del *kaḷari* hablando, me mordió una serpiente. La sangre empezó a brotar de la herida de la pierna. Nos quedamos perplejos, sin saber qué hacer. Lentamente, me senté. De repente, de la nada, apareció Amma. Empezó a chupar la sangre de la herida.

Después trajo un poco de agua consagrada del *kaḷari*, recitó unos *mantras* y me pidió que me la bebiera. El dolor empezó a empeorar. Al cabo de un rato incluso sentarme me resultaba cada vez más difícil. Amma me hizo tumbarme sobre su regazo y se puso a meditar. Yo era consciente de que las manos y las piernas se me adormecían y de que la respiración se hacía más lenta. Mientras estaba tumbado sobre el regazo de Amma, me preparé para afrontar la muerte que había llegado de repente. ¿Podía haber mayor suerte que morir en el regazo de Amma?

La conciencia vital que se separaba del cuerpo compuesto de los cinco elementos me estaba llevando a otro reino. Podía ver mi propio cuerpo inerte yaciendo en el regazo de Amma. Hasta la muerte se estaba convirtiendo en una experiencia deliciosa. Eso es lo que sucede en presencia de un *mahātma*.

Los que estaban presentes se congregaron a mi alrededor sin poder hacer nada, sin saber qué hacer. Algunos vecinos insistían en que había que llevarme a un sanador tradicional de mordeduras de serpiente. Sin pedirle permiso a Amma, que estaba absorta en meditación, algunos me llevaron al curandero. Sin embargo, él dijo que habíamos llegado demasiado tarde y que no podía hacer nada. Al final tuvieron que llevarme otra vez con Amma. Ella seguía absorta en meditación.

Cuando empezó a amanecer, abrí los ojos. El dolor de la pierna se había ido completamente. Era como si todo hubiera sido un sueño. No estaba nada cansado. Al día siguiente le pregunté a Amma:

—¿Por qué ha pasado esto? ¿Y por qué precisamente en presencia de Amma?

Estrujó un trozo de papel que tenía en la mano hasta formar una bola y la lanzó al aire. Entonces, agarrándola con la otra mano, dijo:

—Un objeto que se lanza hacia arriba cae. Es una ley de la naturaleza. Sin embargo, puedes impedir que caiga con la otra mano. La oración y las buenas obras pueden mitigar los frutos del *karma*. No es inevitable ser esclavo del destino. Esto habría pasado en cualquier lugar que hubieras estado. Amma sabía que si estabas aquí no tendrías miedo. Por eso Amma te dijo que no fueras a la universidad ese día.

Cuando fui a casa y consulté el horóscopo, yo, que no tenía fe en la astrología, me quedé atónito. Según mi horóscopo había una gran probabilidad de que fuera mordido por una serpiente en mi vigésimo primer año de vida, lo que pondría en peligro mi vida. Se me aconsejaba visitar muchos templos, hacer muchas ofrendas y realizar *pūjas* para protegerme del maléfico destino.

Mi horóscopo no incluía la carta del resto de mi vida; simplemente indicaba que era dudoso que hubiera un futuro para mí.

Aquel incidente me abrió los ojos al hecho de que el *sankalpa* de un *mahātma* tiene el poder de ayudarnos a superar incluso el destino. También resultó ser una bendición porque me ayudó a lograr el permiso de mis familiares para llevar una vida espiritual.

Siempre Oṇam

10

Simplemente oír la palabra "*Oṇam*"[15] llena de alegría la mente de cualquier persona de *Kerala.* Es el único momento del año en el que podemos olvidar todas nuestras penas. Durante esos diez días podemos deleitarnos en la nostalgia de una edad libre de problemas caracterizada por la belleza de la igualdad.

De niño, a menudo había deseado que pudiera ser siempre *Oṇam.* ¡Qué feliz es todo el mundo durante el *Oṇam*! ¡Cuánto amor y cooperación hay! La alegría que las personas sienten durante el *Oṇam* aliviaba enormemente el dolor que yo sentía cuando las veía sufrir. Cuando supe que hubo una época en la que siempre era como *Oṇam,* me maravillé. ¿Cómo se había perdido eso? ¿Quién era el responsable de ello? Cuando lo investigué, lo averigüé: ¡el propio Señor *Vishṇu* había sido la causa! Cuando vi una imagen en mi libro de texto de segundo grado de *Vāmana* con un pie sobre la cabeza de *Mahābali,* me enfurecí con *Vishṇu* ¿No comenzaron todos los problemas cuando el Señor se llevó

---

[15] El festival de la cosecha de Kerala. Es una de las fiestas más populares, y se celebra durante diez días. Se relaciona con la leyenda del encuentro de *Mahābali* con *Vāmana. Mahābali* era un gobernante bondadoso y justo cuyo utópica forma de gobernar le granjeó el cariño de todos sus súbditos. Su único defecto era que se sentía demasiado orgulloso de su generosidad. Una vez que estaba repartiendo bienes entre sus súbditos, un niño brahmán, *Vāmana,* se le acercó y le pidió que le diera el terreno que pudiera medir dando tres pasos. Viendo su pequeño tamaño, *Mahābali* accedió condescendientemente. *Vāmana,* que en realidad era el propio Señor *Vishṇu,* creció. Con un paso, recorrió toda la tierra. Con el segundo, abarcó todas las demás regiones del universo. Como no tenía nada más que ofrecerle, *Mahābali* le ofreció su cabeza para que diera el tercer paso. Ese gesto simboliza la entrega del ego. El Señor *Vishṇu* lo desterró al infierno y se convirtió en el guardián de la morada de *Mahābali.* Se dice que en *Oṇam Mahābali* viene a la tierra para ver cómo les va a sus antiguos súbditos.

a *Mahābali* de aquí? Pasaron años hasta que me di cuenta de que nosotros podemos recrear el ambiente del *Oṇam* incluso en ausencia de *Mahābali.*

En presencia de Amma, la Madre del Universo, siempre es *Oṇam.* Las personas olvidan sus diferencias de casta y credo. Los enemigos se hacen amigos. ¿Dónde más puede verse a ricos y pobres, educados y analfabetos, olvidando sus ideas sobre las diferencias y reuniéndose como queridos hijos de Amma?

Los recuerdos del primer *Oṇam* después de conocer a Amma siguen frescos en mi mente.

En la víspera de aquel *Oṇam*, después del *darśan*, Amma habló con nosotros:

—Mañana es *Oṇam.* Hijos, debéis venir —nos dijo a mí y a unos pocos que estaban conmigo.

Como era *Oṇam*, los miembros de mi familia me prohibieron salir hasta después de la comida de *Oṇam.* En aquella época no estaban tan cerca de Amma. Amma nos había llamado para que pudiéramos comer con Ella. ¿Cómo irme de casa? Para cuando se hubo acabado de cocinar, ya eran las once y media. En cuanto acabé de comer partí hacia *Vaḷḷickāvu.* Como los autobuses estaban llenos, ninguno paraba. Esperé mucho tiempo en la parada del autobús. Aunque llegó muy tarde, el autobús al que me subí me llevó directamente de *Harippāḍ* a *Vaḷḷickāvu.* Cuando llegué ya eran las tres y media. Crucé la ría y fui corriendo al *kaḷari.* Nunca podré olvidar lo que vi: ¡era conmovedor...!

Amma estaba tumbada en el suelo desnudo, durmiendo. A su lado había una hoguera. La olla de barro que había sobre ésta contenía *chempu*[16] que los cuervos estaban picoteando y comiéndose. Algunos trozos se habían caído de la olla y estaban tirados por aquí y por allí.

---

[16] Colocasia, una clase de tubérculo.

No entendía nada. Me quedé inmóvil como una estatua. Lentamente, caminé hacia Amma y me senté junto a Ella. El águila que siempre se veía en al *āśram* estaba allí, como de guardia.

Más tarde, la propia Amma me explicó lo que había sucedido:

—¿No les había dicho Amma a sus hijos que vinieran? Amma se estaba preguntando qué les daría a sus hijos cuando llegaran. A Amma no le gusta pedirles nada a los miembros de su familia. Hizo una hoguera fuera, recogió algo de *chempu* en el huerto y lo puso en el recipiente para hervirlo. Cuando estuvo lo suficientemente blando, Amma lo cubrió, apagó el fuego y os esperó a vosotros, hijos. Con frecuencia, Amma fue al embarcadero para ver si habíais venido. Amma tampoco ha comido nada. Cuando se hizo muy tarde, Amma se tumbó en el suelo y pensó: "¿Cometí un error invitando a los hijos? Como es *Oṇam*, ¿les dejarán marcharse sus familias?"

En ese momento, un cuervo picoteó un trozo de *chempu* hervido y se marchó volando. Amma se levantó. Algunos trozos se habían caído fuera del cacharro. Aparecieron más cuervos para comerse los pedazos. "¿Qué voy a darles ahora a mis hijos?" Amma se sentía triste. Fingió que espantaba a los cuervos. Al momento siguiente, pensó: "Ellos también son mis hijos. Que coman". Amma se tumbó de nuevo en el suelo.

Al cabo de un rato llegaron algunos de sus hijos. Todos le habían traído algo a Amma. Ella los reunió a todos y les hizo sentarse a su alrededor. Desenvolvió los regalos y repartió entre todos dulces de azúcar de palma y plátano y otras golosinas. Amma sonreía a todos, con los ojos llenos de lágrimas. La visión de aquella sonrisa inocente nos hizo llorar a todos.

A partir de entonces, todos los años tuvimos la comida de *Oṇam* sólo con Amma. Íbamos a nuestras casas y después regresábamos por la tarde con Amma para tener nuestro banquete de *Oṇam*.

En la actualidad, nadie de los que está cerca de Amma piensa mucho en el *Oṇam*, porque todos los días son *Oṇam*. ¿Cómo puede haber tristeza en presencia de Amma? Igual que la nieve se derrite con el calor del sol, todas las penas se derriten en los corazones de aquellos que se han refugiado en Amma, la siempre propicia.

El mensaje del amanecer

11

Las majestuosas caras de las estrellas habían empezado a desvanecerse. En todos los lugares, la Naturaleza había comenzado los preparativos para dar la bienvenida al amanecer. Aquellas reinas nocturnas que habían brillado regiamente estaban ahora desapareciendo.

Escuchando los himnos orantes de los pájaros, un *yogi* que había estado absorto en *tapas* (austeridad) abrió los ojos. Casi estaba amaneciendo. Sólo quedaba una estrella que no había desaparecido todavía. Seguiría titilando un poco más y, después, también desaparecería de la vista. Una suave sonrisa se dibujo en los labios del *yogi*.

Las escenas de la naturaleza nos alertan sobre la impermanencia del mundo. No podemos contar con nada de este mundo. No podemos depender de nada. Los que han comprendido la fugacidad del mundo se esfuerzan por liberarse de toda esclavitud. De ese modo crecen más y se hacen más merecedores de experiencias divinas hasta que, al final, se vuelven uno con el océano de *Brahman*.

En la actualidad, las personas viven a la carrera. ¡Cuántas vidas se han perdido en esas prisas! Para cuando nos damos cuenta de que nada de lo que buscábamos es permanente, es demasiado tarde. Todo lo que hemos acumulado en el viaje de la vida se convierte en una causa de dolor. A pesar de ello, las expectativas nunca cesan. Sólo cuando conseguimos todo lo que hemos deseado nos damos cuenta de que no suponía ninguna ganancia en absoluto. Eso es lo único que permanece: la insatisfacción.

Los que no saben tañir la *vìṇa*[17] de la vida emiten notas equivocadas de malestar. Para crear un flujo de música eterna

---

[17] Un instrumento tradicional indio de cuerda.

es necesario el toque divino. La música del alma despierta las experiencias celestiales del *rāga* y el *tāḷa*, la melodía y el ritmo. Si no queremos que la *vìṇa* de nuestra vida se vuelva inútil, primero tenemos que aprender a tocarla. Nunca podremos descifrar intelectualmente dónde se encuentra la música en la *vìṇa*. Los que lo saben son el corazón y los dedos del músico. El corazón puede descubrir la verdad que el intelecto no puede desenterrar. Es una experiencia divina que sólo un corazón puro puede reivindicar.

Amma solía decir: "Hijos, todos los momentos son muy valiosos. Ni siquiera perder diez millones de rupias es tan malo, pero no debéis perder ni un solo segundo. Siempre podemos recuperar la riqueza que perdemos, pero nunca podremos recuperar el tiempo desperdiciado".

En una ocasión, se envió a un *brahmacāri* a *Kāyāmkuḷam* a comprar algunas provisiones para el *āśram*. Incapaz de tomar un autobús incluso después de esperar durante mucho tiempo, regresó en taxi. Le dijo a Amma lo que había hecho. Ella le preguntó:

—Hijo, ¿por qué has gastado el dinero de forma innecesaria? Aunque hubieras vuelto tarde, ¿no podías haber regresado en autobús?

Con toda humildad, el *brahmacāri* contestó:

—Amma, ¿no dijiste que es mejor perder diez millones de rupias que un solo segundo? Sólo después de malgastar una hora de mi tiempo esperando el autobús decidí tomar un taxi.

Amma contestó:

—¿Quién ha dicho que sería una pérdida de tiempo? ¿No podías haber recitado tu *mantra* o limpiado la parada del autobús mientras esperabas? Dejar que tu mente deambule es el mayor delito. La mente que está habituada a vagar es la que nos separa de Dios. Nunca le des a la mente la ocasión de estar ociosa.

Durante los primeros días con Amma oí una vez a unos devotos seglares quejarse a Amma:

—Amma, ¿por qué muestras tanto amor a estos universitarios?

Se habían sentido molestos viéndola derramar sobre nosotros el cariño amoroso que las madres derraman sobre sus hijos. Todo el mundo quiere el amor de Amma. Todos los seres, móviles e inmóviles, ansían sus caricias. He visto incluso a los pájaros y a las bestias competir por el cariño de Amma. ¡Cuánto más los seres humanos! Un conocedor de la Verdad se convierte en el centro de atracción de todos. Sin querer, deseamos: "Ojalá Amma mirara hacia aquí. Ojalá Amma me sonriera. Ojalá me dijera una palabra. Ojalá se me acercara..." Amma está atándonos a todos con la cuerda del Amor.

"Ninguno de estos estudiantes universitarios puede ser bueno", trataban de recordarle a Amma una y otra vez. En cuanto empezaban a quejarse, las expresiones de amor de Amma se intensificaban. Así podíamos ver cómo las quejas y los insultos de los demás se convertían en bendiciones. "Amma, ¿por qué pasas tanto tiempo con ellos?" Al oír esto, Ella sonreía.

Incapaces de entender el sentido de su sonrisa, le preguntaban:

—Amma, ¿por qué sonríes?

—¿Qué puedo hacer aparte de sonreír? Supón que alguien pregunta: "Doctor, ¿por qué desperdicia su tiempo viendo a los enfermos que vienen al hospital? ¿No basta con ver a los sanos?" ¿Podría evitar el doctor sonreír? El hospital es para los enfermos. Los que están sanos no necesitan ser curados.

Finalmente, para tranquilizar a quienes se quejaban, Amma dijo:

—Hijos, no os disgustéis. Aunque haya pasado tiempo con ellos, recuperaré la inversión con intereses.

Al oír esto, se sintieron consolados. Vinieron y nos dijeron:

—Amma ha dicho que va a recuperar la inversión con intereses.

—¿Qué intereses? —pregunté incrédulo.

Amma había dicho que pediría intereses por el tiempo que había pasado con nosotros. Oyendo la palabra "intereses", sin querer, empecé a reírme. Sólo más adelante, cuando reflexioné sobre las palabras de Amma, empecé a comprender su significado.

"Aunque haya pasado tiempo con ellos, recuperaré la inversión con intereses". Ni siquiera los que se quejaban habrían podido imaginar lo elevados que serían los intereses: tendríamos que comprometer nuestras vidas. Así es como actúa la *Guru*. El discípulo entiende la verdad de que nada que le ofrezca a la *Guru* podrá estar a la altura de su amor y su sacrificio. El discípulo se entrega a la *Guru* de la misma forma en que un propietario, incapaz de pagar un préstamo, permite que el banco le confisque su propiedad. Sin embargo, el discípulo no se entrega llorando, como el propietario, sino derramando lágrimas de alegría. Se da cuenta de que nada de lo adquirido supone realmente una ganancia y de que no se puede confiar en nadie más. Comprendiendo su impotencia, el discípulo busca refugio a los pies de la *Guru*. Le entrega su vida a la *Guru* y disfruta, por ello, de la dicha de la autoentrega.

Un ejemplo de *Guru* ideal es *Vāmana*, que recorrió los mundos gobernados por el Rey *Mahābali* en sólo dos pasos. La *Guru* asume el *prārabdha* (carga kármica) del discípulo que le ofrece su ego. La historia del sacrificio de *Mahābali* se ha vuelto inmortal. El del ego es, realmente, el mayor sacrificio que se Le puede ofrecer al Señor, y eso es lo que hizo *Mahābali*.

La unión de la *Guru* y el discípulo es aquel momento singular en el que uno se funde con la conciencia indivisa, durante el cual se experimenta el éxtasis sagrado que surge de los momentos indescriptibles e inestimables de autoentrega. Cuando se ha entregado la individualidad la vida en este mundo se vuelve innecesaria. Se vive en el mundo de la *Guru*. Allí la *Guru* es la Guardiana. El Señor *Vishṇu* es el protector de *Mahābali*. Esta seguridad es más digna de nuestra fe que cualquier otra clase de plan de seguridad. Así es la presencia de la *Guru*. ¿Puede haber algo más valioso que tener al Señor como nuestro protector? Eso es lo que obtuvo *Mahābali*. La *Guru* pone el pie sobre la cabeza del discípulo más noble que está dispuesto a entregar toda su vida a los sagrados pies de la *Guru*. Pisoteando el ego, la *Guru* despierta la conciencia del Ser.

La *Guru* es como la jardinera que ve el enorme árbol en la semilla. No considera estéril ninguna semilla. El jardinero puede ver las flores que van a florecer en ese árbol y los frutos que van a salir de esas flores. De forma similar, para la *Guru* ningún objeto es inútil. Sólo ve las pulsaciones de la conciencia indivisa en todas partes. El escultor no ve la piedra sino la forma esculpida de la divinidad. La *Guru* asume la carga kármica del discípulo que se Le entrega y guía a ese discípulo a la libertad eterna.

La *Guru* es la que ve los potenciales infinitos que hay en nuestro interior. Nos lleva de la fe ciega a la confianza en Uno Mismo o la fe en el Ser. La *Guru* le concede al discípulo las alas de la devoción y la fe con las que podrá volar desde el cautiverio de los objetos perecederos hasta los cielos infinitos de lo Imperecedero. Cuando se ha sido liberado de la carga del ego se puede volar sin esfuerzo por las alturas empíreas. Para volar al mundo del Ser sin esfuerzo, debemos entregarnos al Señor.

Lecciones de altruismo

12

Las experiencias que tuve después de conocer a Amma dieron un giro total a mi vida. Pensando en Amma todo el tiempo podía olvidar otras cosas fácilmente, aunque ese despiste me creara problemas. Sin embargo, la dicha que me causaba era ilimitada. En cualquier caso, ¿no meditamos, recitamos nuestros *mantras* y hacemos *pūja* para olvidarnos de todo lo demás? Cuando olvidamos todo lo demás es cuando Dios surge en nuestro corazón; u olvidamos todo en su presencia. Esto también me sucedió.

"¿Es correcto que un joven con estudios como tú se entregue a una fe ciega?"

Podía sonreír ante las dudas y las burlas de mis amigos. ¿Cómo podía la experiencia ser fe ciega? No me molestaba en explicarlo. El hecho era que la divina embriaguez que Amma me había infundido había eliminado hasta el entusiasmo por discutir.

La universidad cerró por las vacaciones de verano, haciendo posible que visitáramos a Amma cada día. La mayor parte de los días, *Bālagopāl* y yo visitábamos juntos a Amma. Al padre de Amma no le gustaba que personas de fuera pasaran demasiado tiempo allí. Entonces no había *āśram*; sólo era la casa de Amma. Sin embargo, podíamos pasar todo el día con Amma. Las noches las pasábamos al raso en el terreno que había cerca del templo de *Oacira*, meditando en la arboleda que había allí. Cuanto más cerca estábamos de Amma, más obstáculos parecía que tuviéramos que afrontar.

En aquellos días Amma tenía más hijos seglares que discípulos monásticos. Todos querían que Amma les mostrara un cariño y un amor exclusivos. Esto condujo a una dura competencia entre los devotos seglares. A algunos de ellos no les gustaba el hecho de que *Bālagopāl* y yo viniéramos al *āśram* cada vez más a menudo y nos quedásemos allí. Siempre estábamos juntos. Íbamos juntos al *darśan*, cantábamos *bhajans* juntos y meditábamos juntos. Por eso Amma nos llamaba los gemelos. Los días en que visitábamos a Amma, Ella pasaba más tiempo con nosotros que con otros. No éramos conscientes de que esto estaba alimentando el resentimiento entre algunos de los devotos seglares. Empezaron a tenernos rencor, pensando que Amma nos quería más y que no les estaba prestando ninguna atención a ellos.

Un día, los devotos seglares vinieron juntos y se quejaron a Amma.

—Desde que estos universitarios han empezado a venir, no hemos podido disfrutar de la atención plena de la Pequeña.

En aquellos días, los devotos llamaban a Amma "la Pequeña", "Amma" o "la Pequeña *Ammachi*". A veces Ella se comportaba como una niña. Otras veces tenía el *bhāva* de una Madre o de *Devi*. Cada uno interpretaba las *līlās* de la encarnación de la Madre Universal a su manera. "No están aquí por devoción, sino para obtener el amor de la Pequeña", decían. Ni siquiera dudaron en decirle a Amma que no nos diera una importancia indebida, ya que sólo estábamos fingiendo tener devoción.

Desde el día siguiente Amma dejó de hablarnos. Ni siquiera nos miraba. Incluso cuando nos postrábamos ante Ella, Amma miraba en otra dirección. O se sentaba con los ojos cerrados. Y si no, le pedía a alguien que se acercase y se ponía a hablar con esa persona. Así pasaron muchos días. Los hijos seglares estaban encantados. Amma dejó de prestarnos atención incluso durante los *bhāva darśans*. No nos hablaba, nos sonreía ni nos miraba. Nos disgustamos mucho, sin saber cuál era el problema. Antes, cuando visitábamos a Amma, a menudo no habíamos comido. Entonces la propia Amma se nos acercaba e insistía en que comiéramos; pero ahora no había nadie que insistiera. Por eso, pasábamos hambre. El tratamiento de ducha fría que nos daba Amma nos quebrantó el espíritu. ¡Nos parecía que estábamos perdiendo la cabeza! Nos olvidamos de comer y de dormir. Pasaron muchos días. Nos sentábamos solos y llorábamos sin que nadie se percatara de nuestra presencia. Sin embargo, no podíamos alejarnos de Amma. Seguíamos yendo a verla.

Un día, cuando llegamos al *āśram*, Amma estaba en el bosquecillo de cocoteros que había frente al *kaḷari*. Estaba rodeada por todos los lados de devotos seglares. Todos reían con las travesuras de Amma. Nos quedamos a cierta distancia, inmóviles como estatuas, contemplando la escena. Lentamente, caminamos hacia Ella, nos postramos y entramos en el *kaḷari*, cerrando la puerta detrás de nosotros. El amor de Amma saturaba hasta las lágrimas que caían por nuestras mejillas.

De repente, Amma abrió la puerta y entró. Nos abrazó con ambos brazos. Tenía los ojos llenos de lágrimas. Nadie podía hablar. En aquellos momentos me di cuenta de cuánto más poderoso es el silencio que las palabras. Después de un largo rato, Amma rompió el silencio:

—Hijos, ¿le guardáis rencor a Amma? No es que a Amma le guste hacerles daño a sus hijos. Tuvo que hacerlo para demostrar a los demás la entrega que vosotros tenéis, hijos. Cuando teníais el corazón dolorido, el corazón de Amma se rompía. Algunas personas creen que vosotros venís aquí sólo porque Amma os muestra amor. Dicen que no es por devoción o por fe. Amma no tenía otra forma de probarles vuestra inocencia a estas personas. Amma sabe que, por muy cruelmente que se comporte, seguiréis viniendo aquí, mientras que si dejo de hablarles a ellos durante un solo día muchos dejarán de venir.

Amma dijo todo esto lo suficientemente cerca como para que los demás lo escucharan. Tenía que actuar como una niña ante los que la llamaban "la Pequeña". Comprendí entonces que cualquier *bhāva* que Amma adopta sólo es por nuestro bien. Una vez más, reforzó nuestra convicción de que estamos siempre seguros en sus manos. Poco después, muchos de los hijos seglares celosos tuvieron que separarse de Amma.

Amma solía decir: "Hijos, quienes no tienen pureza mental no pueden permanecer aquí mucho tiempo. Este suelo está empapado con las lágrimas de Amma. Hasta los granos de arena que hay aquí están cargados del poder de los *mantras*. Este lugar es un centro de altruismo. Este suelo es para corazones inocentes. Es un santuario para los que sufren. No es un lugar para nutrir el propio ego. Cualquiera que obstaculice el camino de los que se esfuerzan por mantener su pureza tendrá que dejar este lugar".

Más adelante fuimos conscientes de que las palabras de Amma habían sido literalmente ciertas. Debemos olvidar nuestro egoísmo y unirnos como hijos de una Madre, al menos en la presencia de los *mahātmas*. Gradualmente, debemos comprender la verdad de que la familia de Amma se ha ampliado hasta incluir el mundo entero. Cuando lleguemos a tener el corazón que hace falta para ver el mundo entero como nuestro y, en consecuencia, lo amemos, el río de la gracia de Amma nos llevará al mar de *sat-cit-ānanda*, conocimiento-existencia-dicha.

VIMAL

El cambio de corazón de un ateo

13

A nuestro alrededor podemos ver a personas que se mofan de los grandes *Gurus*, burlándose de ellos con la etiqueta de "dioses humanos". Los que saben que todo es divino no ven lo humano; sólo ven a Dios en todas partes. Para los que han percibido la energía divina palpitando en las criaturas móviles e inmóviles, en lo más grande y en lo más pequeño, en los árboles y en una serpiente venenosa, el mismo cosmos es Dios. Desde esa conciencia, la gota de rocío y el gran océano desaparecen. Todos, el conocedor, lo conocido y el conocimiento, se disuelven en el océano de *Brahman.* Los sabios que han comprendido que son la conciencia testigo que habita en todas las cosas no se ven a sí mismos como el cuerpo; son otras personas las que creen que los sabios tienen cuerpo. Los devotos pensaban que el Señor *Kṛshṇa* se había encarnado. Sin embargo, el Señor sabía que hasta cuando estaba representando *līlās* por medio del cuerpo azul oscuro, Él era omnipresente. Las limitaciones del cuerpo no limitan la omnipresencia de los *mahātmas.* Las personas corrientes no pueden ni imaginar las experiencias de los conocedores de la Verdad. A pesar de ello, los seres humanos tratan inútilmente de medir a los *jñānis* con el limitado criterio de su propio endeble intelecto. Dios, que tiene la naturaleza de nuestro propio Ser, nunca podrá ser comprendido mediante la vanidad de la erudición.

En una ocasión me reuní con algunos de mis familiares del norte de *Kerala* en mi *pūrvāśram.* Uno de ellos era un acérrimo ateo y un admirador de Karl Marx. Habló largo y tendido sobre el comunismo y el pensamiento racional. Cuando se puso a criticar a Amma, me opuse; pero, incapaz de expresar mi experiencia en palabras, empecé a quedarme sin saber qué decir. Apenas había comenzado a aprender el ABC de la espiritualidad. Por mucho que intentara hablarle de la embriaguez del amor divino y su capacidad de revolucionar nuestra perspectiva sobre la vida, él seguía sin convencerse. También empezó a menospreciar mis palabras, utilizando ese término desdeñoso de "dioses humanos".

Yo tampoco me sentía nada satisfecho, independientemente de cuánto tratara de hablar de Amma. Finalmente, me puse a rezar a la propia Amma: "Oh Madre, soy incapaz de ensalzar tus infinitas glorias. Por favor, dígnate a lograr que este hombre se dé cuenta de tu grandeza". Más tarde, cuando fui a ver a Amma, le recordé el asunto. Ni siquiera dudé en decirle que debía castigarle. Oyendo esto, Amma se rió durante un largo rato. Y después dijo:

—Hijo, hay que haber realizado buenas acciones en las vidas pasadas para merecer ser castigado por Dios. Amma no tiene la intención de castigar a los que no creen en Ella o a los que la ridiculizan. Amma se está esforzando por hacerles realizar buenas acciones y, de ese modo, transformarse en almas benditas.

Sus palabras arrojaban luz sobre la finalidad de su encarnación.

Me olvidé de aquel incidente. Pasaron muchos meses antes de que volviera a encontrarme con ese ateo. Me quedé asombrado. Era un hombre completamente cambiado. Llevaba una marca de pasta de sándalo en la frente. Vestía ropa blanca y tenía un amuleto atado alrededor de la muñeca.

—¿Qué es todo esto? ¿Qué ha pasado? —pregunté absolutamente asombrado.

—Oh, nada —dijo evasivamente con una lánguida sonrisa.

Le insistí para que hablara. Cuando vio que no tenía intención de dejarle ir, se mostró dispuesto a abrirse. Me contó algo que le había sucedido meses antes, después de haber criticado a Amma.

Debían de ser después de la una de la madrugada. Caminaba apresuradamente hacia casa después de un largo viaje. Como había perdido el autobús nocturno desde la ciudad, decidió tomar un atajo por un campo. En aquella ruta había muchos peligros, pero como la conocía muy bien, porque había ido por aquel camino muchas veces, no le resultaría muy difícil llegar a casa. Estaba muy oscuro a su alrededor. Con la tenue luz de la linterna no podía ver claramente el camino; la luz de la luna hacía mejor que su linterna el trabajo de iluminárselo. Tuvo que cruzar un arroyo que corría junto al camino por el que iba. Se sabía que el lugar estaba infestado de serpientes venenosas. Cuando entró en el agua, sintió que alguien le estaba siguiendo. Se volvió y vio la forma de una mujer vestida con ropa blanca. En aquella oscuridad total, sólo la cara de ella estaba borrosa. Cuando dirigió la luz de la linterna en esa dirección, no vio a nadie. Pensó que la luz de la luna debía de haber provocado una ilusión en la oscuridad. Tranquilizándose a sí mismo de ese modo, siguió caminando. Cuando oyó sonido de pasos detrás de él, se volvió de nuevo. De nuevo era la misma forma. Alumbrando con la linterna, caminó hacia el lugar donde había visto la forma. Entonces la forma de la mujer reapareció en otro lugar. Caminó hacia ese nuevo lugar. Siempre que caminaba hacia la forma, ésta se iba a otro sitio. De ese modo, pasó un buen rato caminando por aquel lugar. No se sentía en absoluto asustado. Para cuando llegó a casa todos se habían ido ya a dormir. Sólo su habitación, que estaba en el piso superior, estaba abierta. Alguien había dejado en esa habitación el libro de cuentas de la oficina del partido político del que era miembro. Se sentó en una silla, pensando en echarle un vistazo antes de acostarse.

—¡Entonces es cuando sucedió!

Me di cuenta de que su expresión facial había cambiado. El miedo había hecho que su cara enrojeciese. Las manos le temblaban.

—¿Entonces es cuando sucedió qué? —le pregunté con impaciencia.

Prosiguió su narración. Al escuchar un fuerte grito, todos los de la casa se despertaron, hasta los vecinos. Todos fueron corriendo al lugar de donde había salido el grito. El hombre yacía allí, inconsciente. El libro de cuentas encuadernado en cuero que había tenido en las manos estaba aplastado como un *pappaḍam*. Algunas personas agarraron al hombre, que yacía en el suelo como un cadáver, y lo llevaron a la cama. Utilizaron una cuchara para abrirle las mandíbulas y le virtieron agua en la boca. Al cabo de un rato el hombre abrió los ojos. Lentamente, se sentó en la cama. Haciendo acopio de valor, dijo:

—Me asusté por una pesadilla.

Al cabo de un rato, todos se marcharon; pero oyeron un nuevo grito y regresaron corriendo. Cuando recuperó la conciencia, el hombre explicó lo que había sucedido. Cuando estaba examinando el libro de cuentas, un ruido lo había sobresaltado. Cuando miró hacia arriba, vio la forma que había visto en el campo. Gritó y se desmayó. Después de volver en sí, había visto de nuevo la forma, esta vez con mayor claridad. No podía recordar lo que había sucedido después de eso.

Aquel día se había asustado varias veces de esa manera. No podía escaparse. Incluso muchos días más tarde, las cosas no cambiaban. Le daba miedo cerrar los ojos, hasta de día. Pasó muchos días sin dormir. Como no tenía otra opción, consultó a muchos sacerdotes. Ninguno pudo solucionar su problema. Finalmente, conoció a un sacerdote que resultó ser un devoto de *Devi*. Aquel hombre se dio cuenta enseguida de cuál era el problema. El sacerdote dijo:

—No es nada más que la presencia de la propia *Devi*. No desperdicie su dinero en ninguna otra cosa. Sólo hay una solución: rezar para apaciguar a *Devi*.

El hombre realizó un culto especial en un templo de *Devi* durante cuarenta y un días. Entonces empezó a experimentar algún alivio. Después de aquello, el sacerdote le ató un amuleto alrededor de la muñeca. Sin embargo, siempre que se quitaba el amuleto la situación se repetía y le causaba problemas.

Cuando oí la historia del hombre, no pude evitar reírme. Justo entonces decidí llevarlo a Amma. Esta vez no se opuso. Mientras cruzábamos la ría de *Vaḷḷickāvu* llegaron a nuestros oídos los compases de los *bhajans* que se cantaban frente al *kaḷari*.

Cuando ese hombre vio a Amma, que estaba sentada en la veranda del *kaḷari*, absorta en la dicha de los *bhajans*, se sobresaltó.

—¿Qué pasa? ¿Por qué te asustas? —le pregunté.

Me contestó con los labios temblorosos:

—¡Es la misma forma que veía!

Corrió hacia Amma y se postró ante sus pies. Se derrumbó y lloró, pidiendo perdón. Amma puso la cabeza del hombre en su regazo y empezó a acariciarlo. Le desató el amuleto consagrado de la muñeca.

—Hijo, ya no necesitas llevar esto más. Ya no necesitas temer nada. Sólo necesitas temer el ego que está en tu interior. El miedo puede superarse con una actitud de devoción. Destruir la fe de otro equivale a asesinar a un brahmán. Por tanto, hijo, debes realizar ritos expiatorios para darles paz a los demás. Los que pueden amar a los demás como a sí mismos no necesitan templos u otros lugares de culto. Dios mismo estará dispuesto a servir a estas personas.

"Sin embargo, la mayoría son incapaces de trabajar desinteresadamente. No pueden servir a la sociedad más de lo que aman a sus propias familias. Sólo los *mahātmas* han sido capaces de servir a todo el mundo sin aceptar ninguna remuneración, viendo a Dios en todo. El verdadero servicio sólo es posible cuando se tiene visión ecuánime. Es en los *āśrams*, los templos y otros lugares de culto donde practicamos para ver a todos como Dios. La fe en Dios y su culto, que hacen que la mente se vuelva más amplia, son vitales para las personas comunes".

Las palabras de Amma transformaron a aquel hombre en un devoto y en un trabajador social ideal.

Es natural que Dios sienta compasión por sus devotos; pero me ha sorprendido ver que Amma expresa esa misma compasión por los que consideramos crueles. Es fácil amar a los que nos aman, pero no es fácil amar a los que nos insultan. Sin embargo, la naturaleza permanente de Amma consiste en colmar por igual de amor a los que aman y a los que odian.

VIMAL

Regalo de cumpleaños

14

A pocos les desagrada celebrar su cumpleaños. Olvidamos la verdad de que cada cumpleaños que celebramos nos está acercando a la muerte. Cada cumpleaños nos recuerda el hecho de que nuestro periodo de vida se acorta, de nuevo, un año más. Si nacemos, debemos morir: no hay otro camino, ¿verdad? Todo lo que nace también morirá. ¿Cuál es entonces la forma de evitar la muerte? Evitar nacer. En otras palabras, la idea de que hemos nacido debe morir. Para quien sabe que no es el cuerpo, sino el alma, no hay muerte. Los cambios del cuerpo no lo afectan. La conciencia de que uno es el Ser que transciende el cuerpo, la mente y el intelecto sólo puede surgir por la gracia de una *Satguru* como Amma.

Recuerdo uno de mis cumpleaños, antes de que me convirtiera en residente del *āśram*. Aquel día fui a *Vaḷḷickāvu* a ver a Amma. Llegué allí con una mentalidad que daba demasiada importancia a los cumpleaños. Tenía en mis manos el *pāyasam* (budín dulce) que había recibido después de realizar una *pūja* en un templo. No había comido nada. Había ido a *Vaîîickāvu* decidido a aceptar sólo lo que Amma me ofreciera. ¿Qué regalo de cumpleaños me haría?

Cuando llegué al terreno que hay delante del *kaḷari* vi algo divertidísimo: Amma estaba peleándose con *Acchamma* —así era como todo el mundo llamaba a la difunta abuela paterna de Amma—. A *Acchamma* le encantaban las bromas de Amma. Amma me vio, pero sentí que me ignoraba. Esto no solía ser así. Normalmente venía corriendo hacia mí en cuanto me veía, pero ahora estaba fingiendo no haberme visto y seguía charlando con los otros. Pasaron las horas. Llegó el crepúsculo. Sentada frente al *kaḷari*, Amma empezó a cantar *bhajans*.

Me senté a cierta distancia, en la veranda abierta de la cabaña con techo de paja, y medité. Cuando los *bhajans* estaban a punto de terminar llegó *Rāmakṛshṇa* (ahora *Swāmi Rāmakṛshṇānanda Puri*). Entonces trabajaba en el Banco *Harippāḍ*. En cuanto terminaron los *bhajans*, Amma pasó delante de mí hasta donde *Rāmakṛshṇa* estaba sentado. Ni siquiera me miró. Como el Señor *Kṛshṇa* que, fingiendo no haber visto a *Duryodhana* aunque hubiera llegado antes, se puso a hablar con *Arjuna* en lugar de con él. Amma también pasó un largo rato con *Rāmakṛshṇa*. Me enfadé y me disgusté. Entré en el *kaḷari* y cerré las puertas detrás de mí.

Al cabo de dos horas Amma abrió las puertas y entró. Actué como si no la hubiera visto. Con gran compasión, Amma se me acercó. No dije nada.

—Amma sólo quería ver cuánta paciencia tenía su hijo. ¿Te sientes mal?

Riendo, Amma trató de consolarme. Me agarró a la fuerza y me llevó a la cocina. Se dio cuenta del *pāyasam* que yo había traído.

—¿Has traído esto, hijo?

No respondí su pregunta.

Amma puso arroz y curry en un plato. Lo mezcló e hizo bolas. Al principio, pensé que no quería aceptar ninguna, pero cuando miré la cara de Amma, que irradiaba tanta compasión, no tuve el ánimo de rechazarla.

—Hijo, ¿qué tiene hoy de especial?

Sabía que había hecho la pregunta sabiéndolo todo. Dije:

—Hoy es mi cumpleaños. He oído que el cumpleaños de un hijo es muy importante para su madre.

—Hijo, ¡eras hijo de Amma incluso antes de nacer! Entonces, ¿cómo puede Amma considerar que este día es tu cumpleaños? Amma no cree que haya nada especial en él. Amma no es sólo la madre del cuerpo. También es la madre del Ser. Como el Ser nunca nace y nunca muere, ¿de qué cumpleaños estamos hablando? ¿El cumpleaños de quién?

En el fluir de la sabiduría de Amma, todas las preguntas que había en mi mente se disolvieron. Fui a sentarme dentro del *kaḷari*. Amma me puso pasta de sándalo en la frente. Después de presionar con el dedo índice el punto entre mis cejas durante algún tiempo, Amma se fue del *kaḷari*. Sin embargo, yo era incapaz de moverme de aquel lugar. Lo que experimenté era tan asombroso como la muerte. Parecía como si hubiera perdido totalmente el control del cuerpo. No podía ni emitir un sonido. La lluvia de compasión de Amma fluyó dentro de mí como un Ganges de néctar. Perdí toda la conciencia del cuerpo. No sé cuánto tiempo permanecí en aquellas riberas de Paz, totalmente dichoso.

¿Quién podría haberme dado un mejor regalo de cumpleaños?

Aquella indescriptible experiencia divina, que sólo la compasión de una *Satguru* puede conceder, fue un regalo inapreciable y un recordatorio siempre presente de la gloria de Amma, que ha permanecido resplandeciente en los pasillos de mi memoria.

La desaparición de un centinela

15

Era un día de *bhāva darśan*. Los devotos contenían la respiración mientras observaban a Amma lamiendo el pus que salía de las heridas de un leproso. Yo estaba de pie en una esquina del *kaḷari* contemplando atentamente la escena, sin dejar de mirar. Me preguntaba si Amma no se había excedido en su demostración de compasión. En cualquier caso, la escena no me parecía demasiado conmovedora. Cuando concluyó el *darśan*, le dije a Amma:

—Amma, como eres omnipotente puedes curar esta enfermedad por tu mero *sankalpa*. Entonces, ¿por qué eliges esta expresión en particular?

Amma sonrió y me respondió con otra pregunta.

—¿No podría el Señor *Kṛshṇa* haber convencido a los *Kauravas* con un *sankalpa*? ¿Por qué se convirtió en el cochero de *Arjuna*?[18]

No tenía respuesta. Aún así, Amma vio que no me quedaba satisfecho con su respuesta. Continuó:

—Hijo, no sé por qué. Cuando miro a ese hijo aquejado de lepra, me entran ganas de actuar de esa manera. Entenderás el motivo a su debido tiempo.

Más adelante leí en muchos libros que la saliva de un alma iluminada tiene propiedades curativas y que es un remedio infalible para las enfermedades incurables. Incluso entonces, mi escepticismo no desapareció. ¿Cuál era la diferencia entre el

---

[18] Una alusión a la guerra del *Mahābhārata* entre los malvados *Kauravas* y los rectos *Pāṇḍavas*. Cuando ambos bandos acudieron al Señor buscando ayuda, *Krshṇa* dijo que no lucharía en la guerra, pero que un bando podría tener su ejército y el otro podría tenerle a él como cochero. *Arjuna*, uno de los *Pāṇḍavas*, eligió tener al Señor como su cochero; los *Kauravas* escogieron el ejército del Señor.

cuerpo de Amma y el de una persona común? ¿No están hechos ambos de los *pancabhūtas?*[19] Siendo así, ¿qué es tan especial en el cuerpo de un alma iluminada como Amma? No le volví a mencionar el tema a Amma.

Pasaron los días. Amma estaba sentada en el terreno del *āśram*, salpicado de cocoteros que se mecían con la brisa. Sus hijos, que la seguían como sombras, estaban sentados todo a su alrededor. Entonces el *āśram* no era más que unas cuantas cabañas repartidas alrededor de los cocoteros, el *kaḷari* y la casa donde Amma creció. Ella no comía casi nunca. Si los devotos traían algo de comida, la repartía entre los hijos que se encontraban a su alrededor. Después Amma decía:

—Si el estómago de mis hijos está lleno, Amma se siente llena.

Un día, Amma abrió un paquete de comida que alguien había traído y empezó a darles de comer a sus hijos bolas de arroz. De repente, se oyó un alboroto fuera. La gente perseguía un perro rabioso. Ya había mordido a muchas personas. Era uno de los dos perros que habían estado con Amma, como guerreros guardianes, durante sus primeros días.

—¡Hijo!

Amma estaba llamando al perro. Éste corrió hacia Ella.

—¡Eh! ¿Qué te ha pasado?

Lo acarició con mucho cariño. Él movió la cola como si nada hubiera sucedido y hundió la cara en el regazo de Amma. La saliva y otras sustancias que le salían por la boca le ensuciaron el cuerpo y las ropas. Amma se acercó al perro, lo abrazó y lo besó en la cabeza. Hizo bolas con el arroz y se las metió en la boca. Después, con la misma mano cubierta de saliva del perro,

---

[19] Los cinco [*panca*] elementos [*bhutas*] que son la causa material de la creación.

107

Amma empezó a comer arroz. Los que contemplaban la escena estaban horrorizados.

—Amma, ¿qué haces? —gritaron algunos de los devotos.

Amma no les prestó atención. Abrazó al perro durante un largo rato. Éste se hizo un ovillo en el regazo de Amma, como un niño pequeño.

—*Śri-mon,*[20] trae una cadena.

Cuando oí a Amma decir eso, fui corriendo a la casa más cercana. Allí encontré una cadena y regresé con ella.

Amma dijo:

—Ata el perro al árbol. Ha llegado su hora.

¿Quería Amma realmente decir que el perro rabioso tenía que estar atado? Quería preguntarle: "¿Tengo que hacerlo yo?" Pero contuve mi lengua. De todas formas, protestar no servía de nada. ¿No era Amma quien me estaba diciendo que lo hiciera? Tranquilizándome a mi mismo sabiendo que Ella cuidaría de mí, caminé lentamente con la cadena hacia el perro, se la puse alrededor del cuello y lo llevé hasta el cocotero que había frente al *kaḷari.* Él me siguió, dócil como un corderillo. Su comportamiento parecía indicar que era consciente de su inminente final. Después de atarlo al árbol, exhaló su último aliento a la vista de todos. Vi lágrimas brotando de los ojos de Amma.

La madre, el padre y los hermanos de Amma, que se habían enterado de que Amma había tocado el perro rabioso y comido con las manos llenas de su saliva, se pusieron a llorar. No había duda de que Amma había ingerido la saliva del perro. No sólo eso: también había acariciado partes del cuerpo del perro heridas por las piedras que le habían arrojado. Por estas razones, todo el mundo empezó a insistir en que Amma se pusiera una inyección contra la rabia. Muchos de los que trataban de persuadirla le suplicaban con lágrimas, pero Amma se negó. Sonriéndome, dijo:

[20] El nombre premonástico del autor era *Śrikumār.*

108

—Hijo, ¿no deberíamos averiguar si este cuerpo está hecho de los *pancabhūtas*?

Bajé la cabeza y, con las palmas de las manos juntas, controlé mis pensamientos mientras reflexionaba sobre las glorias de Amma. Con experiencias como ésta, Amma nos enseñaba verdades escondidas que el intelecto no puede comprender. La *Guru* transmite secretos que no pueden enseñarse. El discípulo absorbe lecciones que no pueden aprenderse. La *Guru* no tiene la actitud de un maestro. El discípulo no se da cuenta de que está aprendiendo. Las experiencias divinas que le dan la vuelta a toda la información que había amasado harán que el discípulo incline la cabeza. Cualquier discípulo se vuelve humilde viendo los sublimes poderes de la *Guru*.

Cuando logramos la pureza interior, las impurezas externas no nos afectan. Aunque llevemos ropa fea, la belleza se desborda. Los cuerpos de los *yogis* que no se han bañado o comido durante años emiten un olor dulce debido a la absorción meditativa. Cuando todos los nervios se han purificado, el cuerpo queda libre de impurezas. La mera presencia de un ser así purifica la atmósfera. Se puede observar cómo el funcionamiento del cuerpo, considerado un compuesto de *pancabhūtas*, cambia según la pureza interior propia. Para adquirir la pureza natural de almas como Amma debemos empezar por la pureza exterior.

Los *ṛshis*, que eran encarnaciones de la paz, permanecían en meditación incluso entre bestias salvajes. En presencia de estos *ṛshis*, que habían trascendido su sentido de la individualidad, los animales salvajes se olvidaban de su hostilidad instintiva hacia los seres humanos. La presencia de *mahātmas* que han logrado la pureza interior se refleja incluso en la naturaleza.

Las vibraciones del amor puro de Amma se están extendiendo en todas direcciones, uniendo a la humanidad. Las gotas de

109

individualidad se están transformando en un imponente océano de amor y sabiduría.

110

El son de una melodía

16

Mi exámenes de ingeniería concluyeron. Y las pruebas de Dios comenzaron. La mayor parte de los días me quedaba en *Vaḷḷickāvu.* Para entonces, todos los miembros de mi familia del *pūrvāśram* se habían hecho devotos de Amma y, en consecuencia, no encontraba ninguna oposición. Sin embargo, mis padres estaban preocupados de perder a su único hijo. Sin mi conocimiento, mi padre me buscó un buen trabajo en el Instituto de Investigación *Rāman*, de *Bangalore*. A pesar de que me mantenía firme negándome a ir, Amma insistió en que debía ir y trabajar al menos durante un tiempo. Nadie estaba dispuesto a ponerse de mi parte. Amma y todos los devotos que solían visitar el *āśram* vinieron a despedirse a la estación del tren. Me quedé mirando por la ventana hasta que todos desaparecieron de mi vista.

Tuve que aguantar esta separación en un momento en el que no podía soportar separarme de Amma ni durante un segundo. Aunque esta separación me causó una enorme angustia, más tarde comprendí que era la forma en que la naturaleza me permitió contemplar las maravillosas *līlās* de Amma. En el exterior, el paisaje cambiaba continuamente. Alababa mentalmente el tren en movimiento por no tener en cuenta las vistas cambiantes. ¿Cómo podría avanzar si estuviera abatido recordando los paisajes pasados? Sentía que Amma me estaba diciendo que esto era igual de cierto en el viaje de la vida.

¿Hay algo aquí que alguien pueda realmente poseer? ¿De qué sirve tratar de poseer algo que, finalmente, se convertirá en polvo? Por eso nos refugiamos en la imperecedera verdad que Amma encarna. Como los *mahātmas* no son seres corporales, apoyarnos en ellos no hará que nuestra vida sea una empresa infructuosa. ¿Por qué seguir malgastando nuestra vida en el mundo material en búsquedas sin valor? Mi mente se hacía una y otra vez esta pregunta. Observé que los sonidos del tren se convertían en una canción de cuna. Esa nana intentaba mecerme para dormir, como si tuviera la compasión de Amma. "¡Oh, Señor! Puedo ver que no eres invisible. ¿Has llenado hasta esta locomotora del amor de Amma?" No fui consciente del momento en el que su contacto consolador y sus dulces sonidos me sumieron en un profundo sueño.

—¿No se baja? —me preguntó un funcionario ferroviario, zarandeándome para despertarme.

Me desperté con un respingo. Otro hombre se me acercó y se presentó:

—Me llamo Daniel. Te he estado esperando en la estación. Una científica superior me pidió que te acompañara desde la estación del ferrocarril. Vi que todo el mundo se estaba apeando del tren y comencé a preocuparme cuando no te vi. Entonces me puse a buscarte por todos los compartimentos. Así es como te he encontrado aquí. Me habían dado una fotografía para identificarte.

Cuando pensé cómo el Instituto habría conseguido una foto mía, me quedé asombrado. No había enviado ninguna solicitud ni ninguna foto. No investigué más sobre el tema.

Daniel tomó mi bolsa y se bajó del tren. Lo seguí. No me apetecía hablar con nadie. Daniel no comprendía mi reserva.

—¿No estás contento de haber conseguido este trabajo?

De hecho, muchos soñaban con conseguir un trabajo en el Instituto de Investigación *Rāman*. Sin esperar a oír mi respuesta, Daniel siguió hablando.

Empecé a sentir que mi conducta era impropia. Pronto llegamos a su residencia. Me disculpé con Daniel por no haber dicho ni una palabra hasta entonces. Traté de hacerle entender que me había mantenido en silencio por la angustia mental que experimentaba por haber dejado mi casa. Daniel era una persona muy cariñosa. Rápidamente preparó la comida y, como una madre, se sentó a mi lado, insistiendo en que comiera algo. Sentía claramente que Amma estaba trabajando a través de Daniel.

Al día siguiente, me preparé para ir al Instituto. Saqué una foto que tenía guardada en la bolsa. Era la primera foto de Amma que había recibido: una insólita foto de Amma en los viejos tiempos. Era lo único que, hasta ese momento, valoraba como una adquisición en mi vida. Sin embargo, no podía soportar mirar esa foto durante demasiado tiempo. En silencio, busqué el permiso y las bendiciones de Amma antes de partir hacia el trabajo. Después envolví la foto en una tela de seda y la volví a meter en la bolsa. Aquel día fui a trabajar al Instituto.

Era un trabajo con el que había soñado cuando estaba en la escuela. Me habían asignado al departamento de investigación sobre las radiaciones solares. Antes de empezar a trabajar medité en el dios Sol, que es un símbolo de la sabiduría. No me sentía honrado por la posición que mis diecisiete años de estudios me habían ayudado a alcanzar. Me senté en una habitación con aire acondicionado, entre ordenadores y otras máquinas, sintiéndome incómodo.

A la científica superior le gusté mucho. Me quedé asombrado cuando oí que todo el mundo la llamaba "Amma". Era soltera y había dedicado la mayor parte de su vida a la investigación. Todos debieron de empezar a llamarle "Amma" viendo su vida, que, realmente, era un verdadero testimonio de renuncia. Me esforcé por consolarme pensando que había hallado un entorno propicio para recordar a mi Amma, mi *Satguru.* Aunque algunos se referían a esta científica como "la mujer que se había olvidado de vivir", se podía percibir la belleza de la satisfacción en sus palabras cuando hablaba de sus contribuciones al mundo científico. No podía evitar pensar cuánto más habría logrado si se hubiera dedicado a investigar el mundo interior.

Recordé las palabras de Amma: "Cualquier cosa es posible para quien está dispuesto a renunciar".

Aunque la gente la llamaba "Amma", todos la temían. Era una jefa exigente a la que todos trataban de agradar haciendo su trabajo lo más seria y perfectamente que fuera posible. Muchas de las personas que había allí me estimaban. Comprendí que la propia *Jagadīśvari* estaba asegurándose de que a su hijo no le faltara de nada en aquel lugar. Aún así, no sentía ningún interés por trabajar allí. Tampoco quería el amor de nadie. Allí pasé muchos días desapasionados, solo y en silencio.

Amma me hizo sentir su presencia en innumerables experiencias que me concedía todos los días. Más tarde, la propia Amma me hizo saber que aquellas experiencias eran para mostrarme que Ella no está limitada al cuerpo y que estaba conmigo todo el tiempo. Pensaba que esas experiencias aliviarían mi angustia.

Pero en realidad intensificaban mi tristeza. Pasé muchos días llorando en aquella metrópoli, lamentando mi suerte. Sentía que estaba desperdiciando mi vida en medio del materialismo, como un tonto que cambia inapreciables perlas por cuentas de vidrio.

Habían pasado varias semanas desde que me había alejado de Amma para vivir en *Bangalore*. Entretanto, había recibido muchas cartas suyas de consuelo. Ni siquiera tenía fuerzas para acabar de leer sus palabras, que rebosaban amor. Me venían a la cabeza las últimas palabras que le dije a Amma al despedirme de Ella: "Amma, bendíceme para que pueda regresar pronto." Muchos días pensaba en volver. En esas ocasiones Amma se me aparecía en sueños y me prohibía hacerlo.

Un día, cuando ya no podía soportar más el dolor de la separación, le conté todo a Daniel. Se puso pálido cuando se enteró de mi decisión de marcharme. Durante un largo rato no dijo nada. Ya había comprendido muchas cosas sobre mí antes. Me llevó a un lugar solitario, probablemente pensando que obtendría algún consuelo. Era una zona desierta donde las montañas se elevan hasta el cielo y las rocas tapizan el suelo. El lugar tenía una discreta belleza rural totalmente desprovista de la artificialidad de las ciudades. A lo lejos, las nubes se apiñaban para llorarle al sol poniente. No había forma de que la Diosa Naturaleza, que había presenciado indescriptibles amaneceres y puestas de sol, viera nada nuevo en ello. ¡Cuántos funerales como aquel tendrían todavía lugar! ¿A quién podrían las nubes llorar sus penas, languideciendo sin fuerza para presenciar todo aquello? En breve, sus encantadoras formas también desaparecerían. La danza nocturna de la destrucción comenzaría. El terror tendría su momento y sumiría de golpe en el dolor a los desconcertados por la miríada de colores del día.

Pero comprendí que la falta de claridad causada por la oscuridad de la ignorancia era mucho más aterradora que aquella noche. Daniel y yo subimos lentamente la montaña. La suave brisa que había llegado para acariciar el crepúsculo nos calmó un poco. Nos sentamos en una roca y hablamos sobre Amma durante mucho tiempo, mirando a lo lejos. Después, Daniel se tumbó sobre la roca. Me alejé un poco y cerré los ojos, tratando de meditar. Un pensamiento inusual pasó por mi mente: ¿no es este cuerpo la causa de mi separación de Amma? ¡Destrúyelo entonces! Sin más preámbulos, me levanté de donde estaba sentado. Vi que Daniel estaba dormido. Lentamente, caminé hacia el otro extremo de la roca.

Las montañas estaban inundadas por el resplandor de la luna llena. Abajo había un abismo enorme. Cerré los ojos durante un momento y recé. Mis piernas corrieron rápidamente hacia adelante... alguien me dio un fortísimo tirón. Me caí hacia atrás. ¿Quién había tirado de mí? ¿Daniel? Me volví. Detrás no había nadie detrás. Daniel todavía estaba tumbado en el mismo lugar, durmiendo. Traté de levantarme de nuevo, pero me di cuenta de que no podía. Asombrado, permanecí en aquella posición sin saber lo que había sucedido. Sentía que la cabeza me daba vueltas. Seguí boca arriba sobre la roca y cerré los ojos, meditando en Amma. Después de algún tiempo, oí su voz resonando en mis oídos: "Hijo, suicidarse es una cobardía. El cuerpo es muy valioso. Es un regalo de Dios, un medio para conocer el *Ātma*. Sirve para dar paz a mucha gente. Destruirlo es el mayor crimen que puedes cometer contra el mundo y contra Amma. Elévate por encima de las circunstancias. Se valiente. Hijo, avanza sin desfallecer. Amma está contigo".

Era la voz de mi Amma, la voz de mi ser interior. Abrumado por el remordimiento, rompí a llorar. ¿Por qué apenarme cuando Amma está sentada dentro de mi propio corazón como el *antaryāmi* presenciando todos mis pensamientos y acciones? Tumbado sobre la roca, miré hacia el cielo. La luna llena estaba radiante. ¿Se verá alguien alguna vez privado del consuelo al menos de la luz de la luna en la oscuridad? Miré atentamente la cara de la luna. Allí vi a la Diosa del Universo que me abrazaba con sus mil manos. Desde la profundidad de mi corazón, unos cuantos versos salieron de mis labios formando un poema:

arikil undenkilum ariyān kazhiyāte
alayunnu ñān amme...
kaṇṇuṇḍennālum kāṇān kazhiyāte
tirayunnu ñān ninne... amme
tirayunnu ñān ninne

Oh Amma, aunque estás cerca yo voy deambulando. A pesar de tener ojos, estoy buscando, incapaz de verte.

hemanta nīlaniśīthiniyil pūtta
vārtingaḷ nìyāṇo...?
vānilettīḍuvān kazhiyāte tīrattil
tala tallum tiramāla ñān... amme
tala tallum tiramāla ñān

¿Eres tú la bella luna que brilla en la noche azul del invierno? Soy una ola que, incapaz de llegar hasta el cielo, golpea su cabeza contra la orilla.

ihaloka śukhamellām vyārthamāṇenuḷḷa
paramārtham ñān ariññapoḷ
iravum pakalum kaṇṇīr ozhukki
ninne ariyān koticcū... amme
ninne ariyān koticcū

Cuando comprendí la verdad de que todas las comodidades del mundo no tienen ningún valor, derramé lágrimas, día y noche, anhelando conocerte, Amma.

dukhabhārattāl taḷarunnorenne nī
āśvasippikkān varillē...?
ettīṭumennuḷḷa āśayōṭe ñān
nityavum kāttirikkunnu... amme
nityavum kāttirikkunnu

¿No vendrás a consolarme a mí, que estoy cansado del peso del dolor? Con el deseo de que vengas, espero siempre, Amma.

La voz de Amma resonó de nuevo en mis oídos: "¿Basta con seguir siendo un capullo? Abraza el dolor de florecer. Permite que el capullo de tu corazón florezca. La fragancia y la belleza que hay que compartir con los demás están dentro de ti. No hagas caso de esos crecientes dolores pasajeros. Prepárate para la salida del sol del conocimiento".

Mucho mejor la tristeza que Dios concede que la felicidad de cualquier otra fuente. Quien corre tras el placer tiende a darle la espalda a Dios. Un devoto es alguien que busca el dolor. Sólo a él le pertenece el Dichoso. En el sufrimiento hay profundidad. Cuando estamos dispuestos a soportar el sufrimiento por Dios, se convierte en *tapas*. Amma dice que la vida es una bendición de Dios, no una maldición. El mundo no tiene nada de malo. Los problemas y el desánimo son de la mente humana. Debemos aprender a superarlos. El entrenamiento para ello es la espiritualidad. Nuestra vida debe convertirse en un arte.

En este universo, algunas cosas sólo pueden conocerse por experiencia. La verdad sólo puede conocerse por la experiencia. Dios es una experiencia divina que no puede transmitirse ni expresarse. El amor y la compasión ilimitados que Amma rebosa nos ayudan a intuir qué es Dios.

La visión de la belleza divina

17

Habiendo dimitido del Instituto de Investigación *Rāman*, me apresuré a tomar un tren hasta mi ciudad natal. No tenía la paciencia suficiente para esperar a obtener el permiso de Amma. No comprendí la verdad del valor que tiene cada día hasta que conocí a Amma. Como había caído en la cuenta de la gran pérdida que supondría cada momento que pasara lejos de Amma, ¿cómo podía permanecer lejos de Ella? Hasta que nos hacemos conscientes de la divina presencia de Amma en nuestro interior, su proximidad física es muy importante. Hasta que la *Guru* interior se despierta, la *Guru* exterior es esencial. El niño pequeño que está aprendiendo a caminar no puede hacerlo sin la ayuda de las yemas de los dedos de su madre. Yo sólo estaba empezando a caminar por la senda spiritual. No sabía nada de sus peligros. Sólo la *Guru* puede enseñarnos a convertir esos obstáculos en peldaños para avanzar. Para el discípulo que ha renunciado al mundo y se ha refugiado a los pies de la *Guru*, nada es un "obstáculo". Todas las experiencias se convierten en ayudas para el crecimiento espiritual. La mirada llena de compasión de la *Guru* le da al discípulo la fuerza necesaria. La presencia de la *Guru* es, realmente, una plenitud de poderes que no se ven con los ojos, aunque se tengan mil ojos. A los corazones puros no les resulta difícil apreciar los *bhāvas* ilimitados de una *Guru*. Para lograr esa pureza de corazón es necesaria la proximidad a la presencia física de la *Guru*.

Cuando llegué a mi casa, después del viaje en tren, me desplomé de puro agotamiento. El cuerpo era incapaz de soportar la extrema austeridad de días de privación de comida y sueño. Me ingresaron en un hospital cercano durante unos días. Al encontrar síntomas de neumonía, los doctores me ordenaron reposo total en cama. Había dejado el trabajo y corrido hasta allí por una añoranza insoportable de estar con Amma, pero acabé en el hospital. Traté de consolarme pensando que era el castigo de Amma por haber dejado mi trabajo sin su permiso.

Mi padre fue a *Vaḷḷickāvu* para informarle a Amma de mi situación. Ella no accedió a mi petición de visitarla en *Vaḷḷickāvu.* Le dijo a mi padre que, de momento, no debía viajar y que Ella misma iría a verme al hospital. Yo le había dicho a mi padre, antes de que se marchara, que visitaría a Amma en *Vaḷḷickāvu* y después regresaría inmediatamente al hospital. Esa esperanza no fructificó. Cuando Amma expresó su voluntad de visitarme en el hospital, mi padre se opuso:

—No, Amma, no necesitas molestarte en ir hasta allí. Los médicos han dicho que le darán el alta en dos días.

Al oír eso, Amma le dio a mi padre algo de *prasād* y ceniza que había bendecido para mí. Mi padre me esparció la ceniza por todo el cuerpo. Después de tomarme el *prasād*, sentí un gran alivio. Sin embargo, todavía me angustiaba la tristeza de no haber podido ver a Amma.

Aquella noche no pude dormir. Habían pasado meses desde la última vez que había visto a Amma. Mi primer encuentro con Ella había sido un acontecimiento trascendental que había cambiado totalmente mi visión de la vida. Estaba echado en la cama del hospital, rezándole sin cesar a Amma —la Diosa del Universo que había creado un *Vaikuṇṭha*[21] sobre la tierra y que había permitido a miles de sus hijos danzar en éxtasis— para asegurarme de que nunca más me separaría de Ella. Intenté dormirme, pero no pude.

De repente, sentí el suave roce de una brisa fresca. Sólo más tarde me di cuenta de que el viento de dulce aroma que me acariciaba anunciaba la llegada de la Madre Divina, la encarnación de

[21] La morada del Señor *Vishṇu.* Aquí se utiliza figuradamente para significar el cielo.

la compasión. El tintineo de las tobilleras que Amma solía llevar llegó a mis oídos. En una esquina de la habitación, un círculo de luz parecía estar tomando forma. El resplandor de la dulce sonrisa de Amma llenaba aquella luz. Todo el edificio parecía estar creciendo. Intenté no caerme sujetándome a la cama, pero no podía mover las manos ni las piernas. De repente, todo se quedó inmóvil. La música más dulce que jamás hubiera oído me llevó al éxtasis y me disolví en su fluir. La embrujadora forma de Amma empezó a moverse hacia mí, igual que el halo luminoso de luz. Transfigurado, contemplé a Amma sin parpadear. La encantadora forma de Amma engalanada con muchos adornos, una forma que raramente se ve, llegó hasta mí. Después de sentarse en la cama, puso mi cabeza en su regazo y la acarició con ternura: ¡momentos preciosos de una visita divina! Aunque era consciente de que Amma estaba besándome la cabeza y sus manos estaban desterrando todo el dolor de mi corazón, permanecí quieto, con el cuerpo inmóvil. Cuando surgió el pensamiento de que ni siquiera podía postrarme ante Ella, me indicó que no con un gesto. Sus caricias se convirtieron en la cura divina que eliminó los *karmas* de innumerables vidas.

En ese momento, la puerta se abrió y mi padre entró en la habitación. Había salido a buscar agua tibia para las pastillas que tenía que tomarme. A medida que mi padre se acercaba, la forma de Amma empezó a volverse borrosa y pronto desapareció. Pensando que estaba dormido, mi padre me zarandeó y dijo:

—Es hora de tomar la medicina.

Me tomé la medicina y seguí tumbado en la cama. No podía hablar. Nunca antes había tenido un *darśan* tan claro. Mis ojos, mis oídos y mi nariz estaban contando la historia de mis experiencias en aquel *darśan*. Todas estas experiencias eran pulsaciones de la infinita belleza que Amma oculta dentro de Sí. Aunque intelectualmente sabía que Amma no está limitada a su cuerpo, el conocimiento que estas experiencias me concedieron no puede explicarse con palabras. Por esa razón no intenté contarle nada a mi padre.

Al día siguiente, insistí en ir a *Vaḷḷickāvu*. El médico finalmente cedió y me dio el alta del hospital, pero sólo después de recordarme que necesitaba descansar unos cuantos días más. Acompañado por mi padre, fui directamente a Amma. Estaba sentada delante del *kaḷari*, como si me estuviera esperando. No parecía que hubiese descansado después del *bhāva darśan* de la noche anterior. La marca de sándalo rojo de su frente seguía intacta. No se había cambiado la ropa que había llevado en el *bhāva darśan*. La ceniza que había esparcido al dar *prasād* a los devotos le había dejado manchas blancas en la ropa, el pelo y la cara. Ni siquiera esas partículas de polvo estaban dispuestas a dejarla. En el momento en que Amma me vio desde lejos, me hizo señas para que me acercara. Corrí hasta Ella y me postré. Amorosamente, me acogió en su regazo y me acarició. Sentí que esa divina fragancia que había olido el día anterior durante el *darśan* en la habitación del hospital emanaba ahora del cuerpo de Amma. Lloré durante unos minutos sobre el regazo de Amma, lo que calmó mi dolor enormemente. Es el alivio que se siente cuando se comprende que alguien lleva nuestras cargas. Este alivio se convierte en confianza en uno mismo. Nadie más que Dios puede concedernos esa confianza en uno mismo. Me di cuenta de que de los ojos de Amma también brotaban lágrimas de amor y compasión.

—Amma, ¿viniste a verme? —pregunté.

Ella asintió con la cabeza para indicar que sí.

—Entonces, ¿por qué te fuiste sin decir nada? —pregunté de nuevo.

Amma no dijo nada; sólo sonrió. La respuesta a mi pregunta estaba en aquella sonrisa.

Hasta el habla es un obstáculo en los momentos de experiencia divina. En esas ocasiones se deja de hablar. El silencio es el lenguaje del alma. El lenguaje es superfluo cuando las almas se encuentran. La unión del *jìvātma* y el *Paramātma* anuncia el momento de la unidad entre la *Guru* y el discípulo. El discípulo se convierte en un bebé ante la *Guru*. Cuando el discípulo rebosa inocencia, la *Guru* se convierte en una Madre. Cubriendo con un velo sus ilimitados aspectos divinos, envuelve al discípulo en una dulce y entrañable maternidad. Ese vínculo lleva al discípulo a la libertad y la dicha eternas. Para hacer esto, la *Guru* utiliza el *bhāva* de la maternidad, para devolver al discípulo a la inocencia de la infancia.

Un niño no ve el mal, porque en su mente sólo hay bondad. En su mente tampoco hay muchos pensamientos, sólo el pensamiento de su madre. Su mundo es su madre. Su fe es en su madre. Las palabras de los demás no pueden robarle la fe porque ha experimentando el amor encarnado en su madre. No está interesado en nadie más. Si no ve a su madre, llora. Es el único idioma que conoce.

"¿Hay alguna oración mayor que el llanto? Si podemos llorar por Dios, no necesitamos nada más para protegernos de las desgracias del mundo".

Recordé estas palabras de Amma. Mientras yacía en su regazo y lloraba, el "yo" que había en mí se disolvía en la nada.

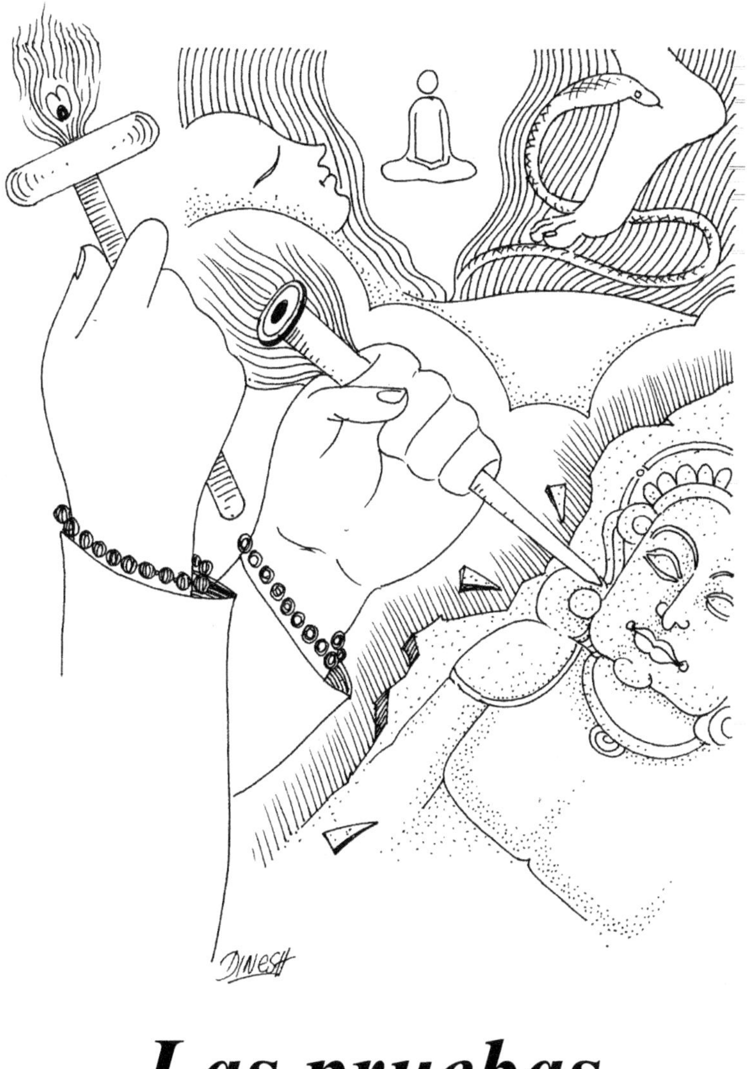

Las pruebas de Amma

18

Este universo es un emblema de unidad: las estrellas que permanecen en su lugar por el poder de la atracción mutua, los planetas que giran, los misterios recónditos que sólo pueden desentrañarse en los niveles más altos de meditación. Amma dice que hay belleza divina en todos los lugares del universo. No hay fealdad en absoluto. Todas las perversiones son creaciones de la mente humana. Si se tiene amor, se puede percibir la belleza en todas partes. Mediante el poder hipnotizante del amor se logra la pureza necesaria para contemplar la visión de la belleza divina. Amma está tratando de despertar ese amor divino en nuestro interior.

Cuando regresé de *Bangalore*, empecé a quedarme con Amma. No encontré ninguna oposición de mi familia. Los días que siguieron fueron una oportunidad extraordinaria de dedicar todo mi tiempo exclusivamente a la *sādhana*. Los amaneceres que irradiaban la dicha embriagadora de la *sādhana* y los atardeceres que me hacían llorar sin razón transcurrían rápidamente. ¡Cuánto deseaba en aquellos días dedicar una vida entera a llorar por Dios! Me regodeaba en el aura de amor que emana del maravilloso fenómeno que es Amma y me olvidaba de todo lo demás. Cuando comprendemos que todo lo que hemos logrado no supone, en realidad, ninguna ganancia ya no nos engañamos más con esas supuestas ganancias. Desarrollar este desapasionamiento no es fácil, pero la presencia de una gran *Guru* como Amma nos ayuda a hacerlo. Este cambio de nuestra perspectiva sobre la vida es lo que logramos por medio de la espiritualidad. Ésta es la experiencia divina que Amma transmite.

Cada momento con Amma era un recordatorio de lo valioso que es cada día. El día y la noche ofrecían la misma embriaguez festiva. Para cuando queríamos ponernos en camino con los recipientes de agua, a las tres de la madrugada, Amma ya había llegado al embarcadero, llevando el recipiente más grande. Cuando le preguntábamos, decía que estaba acostumbrada a llevar cargas pesadas. Supongo que transportar un recipiente de agua no es tan difícil para alguien que lleva el peso del mundo. En aquellos días había que esperar mucho tiempo para obtener agua de las tuberías. Era un verdadero *tapas*. Por la mañana no había agua en los grifos, así que teníamos que recoger suficiente agua para el *āśram* antes de que amaneciera. Amma exigía que ningún devoto que viniera al *darśan* sufriera por falta de agua. Nos estaba enseñando a no desperdiciar ninguna ocasión de servir a los devotos.

En aquella época, los residentes permanentes del *āśram* se podían contar con una mano. Eso fue antes de registrarlo. Entonces no había ni siquiera una cabaña que pudiera representar el *āśram*. Tumbarse en la arena frente al *kaḷari* y dormirte mientras veías las estrellas era, realmente, una meditación. El *kaḷari*, donde Amma daba *darśan*, era el único edificio. El altar del santuario contenía una espada y un tridente, las armas divinas que *Devi* utilizaba para arrancar el ego de raíz y transmitir la sabiduría. La existencia del ego queda aniquilada cuando se encuentra cara a cara con el amor. Amma demuestra que el amor puede vencer donde las armas no pueden. Las armas de *Devi* no pueden ser la espada y el tridente que vemos. Amma dice que eso sólo son símbolos. De todas formas, ¿pará qué va a necesitar armas *Devi*? Cuando Ella, que puede cambiar cualquier cosa por su mera voluntad, viva con nosotros provista de sus armas invisibles, todas nuestras dudas y recelos se acabarán. Ninguna madre se alza en armas contra sus hijos. Siendo así, debemos pensar que las armas que la Madre *Kāli* empuña son el amor, la compasión y otras virtudes divinas. La capucha levantada de la cobra del ego se postra ante este amor.

Upavāsa

19

En los viejos tiempos el *āśram* no estaba tan lleno como lo está en la actualidad. Entonces Amma tenía más tiempo para pasarlo con los *brahmacāris* y *brahmacārinis* asegurándose de que siguiéramos la rutina prescrita y que prestáramos atención a nuestras prácticas espirituales. Quería que meditáramos ocho horas diarias. Amma también venía a la meditación. Insistía mucho en que todos nos sentáramos juntos para meditar. Se suponía que no debíamos mover el cuerpo o abrir los ojos. Algunos días, Amma llegaba con guijarros que lanzaba a los que no estaban atentos. Eso era para hacernos conscientes del momento en que la mente estaba lejos de la forma de Dios. Cuando Amma empezaba a meditar ya sólo abría los ojos horas más tarde. En su presencia también a nosotros nos resultaba posible estar sentados durante un rato así de largo. Cuando Amma está cerca es fácil lograr la concentración en un solo punto. Por eso nadie pensaba que la meditación fuera especialmente difícil. Por muy ocupada que estuviera, Amma comprobaba a las cuatro de la mañana que todo el mundo se hubiera despertado y levantaba a los que estaban dormidos. Algunas veces, Amma pasaba la noche en la veranda que había en el exterior de la sala de meditación. Con que sólo una persona no siguiera la rutina, Ella no bebía agua ese día. A nadie le importaba que Amma le regañara, pero nadie podía soportar que no comiera y de ese modo infligiera dolor a su propio cuerpo. Por esa razón, normalmente no había fallos a la hora de seguir la rutina. Meditar durante ocho horas, cantar el *Lalita Sahasranāma*, practicar ejercicios de *Haṭha Yoga*, estudiar las escrituras védicas y cantar *bhajans*: todo esto se hacía sin falta.

Un día Amma vino a la sala de meditación y anunció:

—Hijos, debéis ayunar y guardar silencio al menos una vez a la semana.

Durante todo nuestro día de ayuno debíamos quedarnos en la sala de meditación meditando y recitando nuestros *mantras*. Amma escogió el sábado para este fin.

Cuando llegaba el sábado, todo el mundo iba a sentarse a la sala de meditación y pronto se sumergía en su *sādhana*. Más tarde, esa mañana, Amma servía a todos leche aguada. Antes de marcharse, Amma nos recordaba a todos:

—Hoy no se le va a dar comida a nadie.

Cuando daban las once, Ella entraba de nuevo con un recipiente de barro:

—Hijos, no debéis pasar hambre. No hay nada de malo en comer unos plátanos.

Nos repartía plátanos hervidos a todos. También traía café dulce para todos nosotros.

—Hijos, no comáis nada más.

Con este recordatorio, Amma se marchaba. Todos se quedaban absortos en meditación y en *japa* (recitación repetida de un *mantra*). Después, Amma venía dos o tres veces a la sala de meditación y nos controlaba por la ventana. Después de eso no la veíamos durante un buen rato. Siguiendo las instrucciones de Amma, todos mirábamos la imagen de nuestra *ishṭa devata* y nos esforzábamos por visualizar esa forma en nuestro interior.

Eran después de las dos de la tarde. Nadie había salido de la habitación. Amma vino a la puerta y miró hacia el interior. Estaba triste. Tenía marcas de hollín en la cara, la blusa y la falda y gotas de sudor en la frente. Nos miró a todos con una expresión de profunda compasión. Amma dijo entonces:

—Hijos, Amma se siente mal. ¿No estáis comiendo por las palabras de Amma, hijos? ¡Oh, Señor, qué cruel soy! Cuando Amma vio la entrega de sus hijos, no pudo quedarse quieta. Fue a la cocina y preparó arroz y curry. Amma no es capaz de hacer que sus hijos pasen hambre. Se sentía muy inquieta. Levantaos rápido. Amma os va a servir a todos.

Amma nos llamó a todos y nos hizo comer. Un devoto que presenciaba la escena se rió y dijo:

—La palabra *"upavāsam"* (el término *malayāḷam* para "ayuno") significa "estar cerca del Señor". Por eso, aunque los hijos de Amma coman no habrán interrumpido el ayuno. Después de todo, ¿no están cerca de Amma todo el tiempo?

Verdaderamente, cuando se está con el Señor el hambre y la sed desaparecen. Sólo cuando Amma nos lo recordó nos entraron ganas de comer. En el frescor del cariño maternal se pierde la conciencia del cuerpo. ¡Con cuánto entusiasmo nos privamos de la comida y el sueño por obtener una visión del Señor! No se puede estar satisfecho sólo con los placeres materiales. La dicha divina puede experimentarse en esta misma vida. Esto sólo es posible por medio de la *sādhana* y las bendiciones de la *Guru.* Aunque la meditación, el *japa*, las buenas acciones y el cumplimiento de votos son todos medios para lograr la dicha divina, la mejor manera es relacionarse con *mahātmas.* En su presencia, nuestras impurezas mentales se queman poco a poco.

Aunque la realidad suprema se encuentre en nuestro interior, tenemos que recorrer un largo camino antes de conocerla. ¿Qué puede estar más cerca de nosotros en el universo que el alma? Experimentamos la conciencia inmutable, imperecedera, saturada de dicha y omnipotente de modos completamente diferentes, tan distintos como vemos el día y la noche. Por eso no podemos conocer la Verdad sin la ayuda de alguien que haya logrado el conocimiento del Ser. Nuestra cercanía a Amma es totalmente diferente de cualquier otro vínculo. Ella se relaciona con nosotros como una persona corriente para llevarnos al mundo del Ser. Todos sus movimientos están llenos de significado.

Peregrinación a Aruṇācala

20

Amma solía viajar todos los años a un *āśram* de *Tiruvaṇṇāmalai*. Era un *āśram* que le había dado Neal Rosner (ahora *Swāmi Paramātmānanda Puri*), un discípulo americano. En un antiguo templo que había allí, el día de *Kārtika* del mes de *Vriścika* se considera especialmente propicio. Devotos de toda la India acuden a *Tiruvaṇṇāmalai* unos días antes y se quedan para contemplar y adorar la lámpara que se enciende ese día, circunambular la montaña y participar en el festival de los carros. Amma solía llegar el día antes de que se encendiera la lámpara.

Los recuerdos de la primera visita de Amma a *Tiruvaṇṇāmalai* siguen frescos en mi memoria. Fuimos allí en tren. Ni que decir tiene que el viaje con Amma fue muy divertido. Sorprendía a la gente por su comportamiento de niña traviesa. Como un revisor de autobús que sube y baja por el pasillo preguntándoles a todos si tenían sus billetes, Amma corría de un lado a otro preguntando:

—Hijo, ¿tienes cacahuetes? ¿Puede Amma darte un poco de *avil* (granos de arroz aplanados)? ¿Quién no tiene plátanos todavía?

De vez en cuando, Amma se sentaba entre los pasajeros y cantaba *bhajans*.

Los demás pasajeros miraban con asombro a aquella chica de la blusa y la falda que correteaba así. Amma nunca dudaba en dar *prasād* incluso a los que no la conocían. Además de eso, se sentaba a su lado e intercambiaba los cumplidos de rigor con ellos.

El atardecer había comenzado. Me senté mirando cómo las palmeras desaparecían en el horizonte occidental que el sol poniente había manchado de azafrán. La luz bermellón también proyectaba su color sobre los rostros de los que viajaban en el tren. Todas esas rubicundas caras miraban fascinadas a Amma.

Durante los *bhajans* de la tarde, todos los pasajeros se unieron con entusiasmo. Hubo pasajeros de otros compartimentos que también se amontonaron en el nuestro. Algunos se sentían tan hipnotizados por el ritmo de los *bhajans* que se ponían a bailar. Cuando los *bhajans* terminaron, algunos preguntaron por Amma. Otros se le acercaron y le besaron las manos. Otros miraban sin pestañear la cara angelical de Amma. En aquellos días no había mucha gente que hubiera oído hablar de Ella. Sin embargo, muchos devotos de *Tamil Nāḍu* visitaban a Amma en *Vaḷḷickāvu.* Muchos la esperaban en cada estación de tren con guirnaldas en la mano. Después se nos unían en nuestro viaje. Lo que comenzó siendo un grupo de unas veinte personas cada vez se hacía mayor. Al principio, sólo viajaban con Amma *brahmacāris* y unos cuantos devotos seglares. Poco a poco, el séquito aumentó considerablemente.

Cuando llegamos a *Tiruvaṇṇāmalai*, los devotos que habían ido a recibir a Amma ya estaban allí. Entre ellos había una devota parsi conocida como "*Bhagavān Priya*". Había vivido con *Ramaṇa Maharshi*[22] durante treinta y tres años. Le dio la bienvenida a Amma en nombre del *Ramaṇa Āśram* y le puso una guirnalda. Después condujeron a Amma al *Ramaṇa Āśram.* Después de los *bhajans*, Amma empezó a dar *darśan.* Pronto se formó una enorme multitud a su alrededor.

Al día siguiente se celebraba el festival de los carros en el templo de *Tiruvaṇṇāmalai.* Cientos de miles de personas se reunían allí aquel día. Enormes carros que sobresalían sobre los edificios habían sido alineados para el festival. *Nealu* (Neal) insistía en que Amma viera el festival de los carros. Finalmente,

---

[22] Un maestro espiritual iluminado (1879 – 1950) que vivió en *Tiruvaṇṇāmalai*, en *Tamil Nāḍu.* Recomendaba la autoindagación como camino hacia la Liberación, aunque aprobaba distintos caminos y prácticas espirituales.

Amma accedió a acudir. *Nealu* ya había buscado un lugar solitario para que Amma y su séquito vieran el festival. Era la terraza de un edificio de dos plantas que había junto a la carretera, justo al lado del templo.

Los carros preparados para el festival llenaban el patio interior del templo. Miles de personas formaban filas y sujetaban la gruesa cuerda que utilizarían para tirar del carro. *Nealu* y otros devotos escoltaron a Amma hasta el lugar que habían preparado para Ella. La gente ya se había situado en sus posiciones en las tiendas, sobre los muros, dentro de los edificios y en las terrazas. El mar humano que se extendía frente a nosotros no dejaba espacio vacío ni para un pelo. La policía tocaba los silbatos para calmar a la multitud. Existía la posibilidad de que las masas se volviesen difíciles de controlar cuando los carros se pusieran en marcha. Los devotos que tiraban con fervor de los carros se olvidarían de todo en un estado de embriaguez. Cuando los carros empezaran a dar bandazos hacia adelante no sería fácil detenerlos. Por eso la policía estaba tratando de sacar a los devotos de la carretera, para impedir que los colosos los atropellasen. Como la multitud estaba alborotada, los devotos todavía no habían empezado a tirar de los carros.

De repente, un hombre surgió de entre la muchedumbre y subió corriendo a la terraza. Llevaba un turbante, capas y capas de ropa y un abanico, dando una impresión estrafalaria. En cuanto lo vio, la multitud se apartó humildemente de su camino.

¿Quién podría ser ese hombre? Seguí mirando asombrado y con mucho interés.

El brillo de los ojos de aquel hombre que sonreía y se paseaba por la terraza lo identificaba como alguien fuera de lo común.

Finalmente, ese extraño hombre con el abanico en la mano llegó adonde estaba Amma. Era un *avadhūta* llamado *Rāmsūrat Mahārāj*. Había distinguido a Amma entre las masas y corrido hacia Ella. Se quedó de pie abanicando a Amma con el abanico que llevaba en la mano. Ella acarició con afecto a ese *yogi* mientras él la miraba sin pestañear. Aunque no podíamos entender nada de lo que se dijeron en el idioma del silencio, la majestuosidad de esa quietud nos transformó, brevemente al menos, en silenciosos centinelas. Observamos embelesados el loto de la cara de Amma en la que los divinos estados de la Madre Universal florecían sin límites. Al cabo de un rato, el hombre bajó andando y desapareció en el mar de humanidad. Lo cierto es que los que estábamos con Amma nos olvidamos completamente del festival de los carros. Este acontecimiento nos recordó una vez más que nada más es importante en presencia de Amma.

Oí el estruendo de un cañón y mire hacia abajo. Los carros habían empezado a moverse. La multitud de devotos que se había olvidado de todo en la embriaguez de su dicha empezó a avanzar. La visión de la policía luchando por apartar a la gente del trayecto de los carros hacía que la procesión fuera aún más emocionante.

De repente, la actitud de Amma cambió.

—¡Quiero irme ahora! —insistió obstinadamente.

—¿Adónde? —preguntamos, asombrados.

—No me gusta estar aquí.

Nealu y los demás devotos estaban estupefactos.

—Amma, no puedes irte ahora. Será difícil salir de este lugar hasta que los carros se hayan marchado. Las escaleras para bajar y todas las carreteras están bloqueadas por la gente.

Sin embargo, Amma no cedió por mucho que lo intentáramos. Apartándonos a un lado, Amma bajó las escaleras corriendo apresuradamente. Debió de pisar a muchos sin querer cuando entró precipitadamente en aquel océano de personas, bendiciéndolos de ese modo. Corrimos detrás de Ella.

Amma no tiene conciencia del cuerpo. Y tampoco está apegada al cuerpo. Los discípulos tienen el deber de proteger el cuerpo de la *Guru*. Unimos nuestras manos y formamos un anillo de seguridad alrededor de Amma para protegerla. Sin embargo, fuimos incapaces de mantener ese anillo durante mucho tiempo. En cuanto llegamos al remolino de personas, se hizo pedazos. Girando sin rumbo e incapaces de encontrar una salida, fuimos arrastrados por aquel río humano.

No sólo ignorábamos dónde estaba Amma, sino que los supuestos escoltas que habían formado valientemente un anillo de seguridad a su alrededor tampoco estaban a la vista. Mientras permanecíamos de pie sin saber qué hacer, completamente agotados, algunas personas salieron de algún lugar entre la multitud para rescatarnos. Eran devotos de Amma de *Madurai.* Abrieron la puerta de una casa y nos metieron dentro.

—¡Tenemos que localizar a Amma rápidamente! —les dije.

Al oír esto, se rieron. Incapaces de comprender el significado de su risa, nos quedamos mirándonos entre nosotros.

—Fue la propia Amma la que nos envió a ayudaros —dijeron—. Está aquí mismo.

Fue entonces cuando nos dimos cuenta de que Amma estaba sentada en el porche de la casa. ¡Qué irónico que Amma tuviera que enviar fuerzas para ayudar a los que se suponía que eran su escolta! El mensaje implícito era que Amma no necesita la protección de nadie.

¿Cómo había llegado Amma a aquella casa? Ninguno de nosotros sabíamos que hubiera una casa de un devoto en las inmediaciones. La visita totalmente inesperada de Amma había llenado a la familia de la casa de una alegría y una dicha incontenibles. Estábamos ahora delante de Amma cubiertos de harapos hechos jirones. Cuando Amma vio el estado en el que nos encontrábamos, se echó a reír.

—Hijos, ¿os han empujado? ¡A Amma le han dado unos buenos golpes! ¡Ha sido realmente divertido!

¿No disfruta el Señor cuando sus devotos le aporrean? Amma intentó hacernos reír contando chistes. Para Ella todo es divertido. Para los que pueden disfrutar de todo, ¿cómo puede haber dolor?

Si los elogias, son felices. Si los criticas, son aún más felices. Si ganan, son felices. Si pierden, todavía son más felices. Si tienen comodidades materiales, son felices. Si pasan por experiencias dolorosas, son más felices todavía. Como los *mahātmas* saben convertir cada suceso en un acontecimiento dichosamente embriagador, ¿quién puede hacer que se entristezcan?

Todos los del séquito de Amma que se habían dispersado llegaron a la casa, uno tras otro. Después, algunos entraron trayendo a *Nealu*.

Nealu, que había nacido en una familia judía en Estados Unidos, le dijo a Amma en *malayāḷam*:

—¡Oh, Madre mía! ¡Creo que acabo de morirme! ¡Mi ego ha quedado completamente aplastado! ¡Nunca más insistiré en que Amma vea el festival de los carros!

Al oír esto, Amma se echó a reír a carcajadas. ¡Las olas de esa risa debieron de resonar por todo el universo! Parecía tan llena de significado...

El objetivo de la *Guru* es aplastar nuestros egos. El Señor nos ha dado todo lo que necesitamos. Nuestra única carencia es que no sabemos todo lo que necesitamos saber. La *Guru* ha venido para ayudarnos a percatarnos de ello. Para que esto suceda hay que ir quitando las capas del ego, una tras otra.

—En cualquier caso, Amma no debería haber bajado corriendo de la terraza de esa manera —dijeron todos los que estaban alrededor de Amma.

Inmediatamente el *bhāva* de Amma cambió. En una voz cargada de la seriedad de la enseñanza de la *Guru*, dijo:

—Hijos, ¿realmente creíais que Amma se iba a quedar cómodamente por encima del caos para observar el festival de los carros cuando abajo había diez mil personas luchando por encontrar un lugar donde estar? Yo no puedo divertirme mientras otros sufren.

Sus palabras eran como truenos. "¿Cómo puedo divertirme mientras otros sufren?" Las palabras de Amma, que transmitían un mensaje inapreciable que no olvidaré durante el resto de mi vida, rompían como olas contra la playa de mi mente.

Los *mahātmas* nunca pueden pensar en su propia felicidad. Son encarnaciones del sacrificio de sí. Si los observamos atentamente, veremos que sus vidas muestran la dulzura del amor y la gloria del sacrificio personal. Amma nos está enseñando a cumplir nuestros deberes mientras saboreamos todos los momentos de la vida. Cuando cada una de nuestras acciones se convierte en una expresión de amor, se vuelve bella. Las acciones desinteresadas surgen del amor.

El amor divino fluye sin ninguna razón en absoluto. Todas nuestras prácticas espirituales hay que realizarlas para despertar ese amor divino. La presencia santificada de la *Guru* infunde la fragancia y la frescura del amor en una vida que corre el peligro de mecanizarse y hace que cada experiencia de la vida sea un medio para llegar a Dios.

La *Guru* es una encarnación del amor y del autosacrificio, un faro de sabiduría. Las grandes *Gurus* son como faros que dan una dirección a los barcos de las vidas que van a la deriva, sin rumbo, en el océano del *samsāra*. Con su afecto maternal, Amma da a cada uno de sus hijos la fuerza necesaria para elevarse por encima de *Māyā* y abre los portales del camino de la Liberación.

En los viejos tiempos, había que esperar años para oír directamente alguna palabra de la *Guru*. Se probaban la paciencia y el sentido de renuncia. Parece que las pruebas de las *gurukulas*[23] de antaño eran más duras que los exámenes de admisión de las instituciones educativas actuales.

[23] Literalmente, el clan [*kula*] del preceptor [*Guru*]. En el pasado, los estudiantes se quedaban con el *Guru* en su ermita durante toda la duración de sus estudios (un periodo de unos doce años).

En una ocasión, un discípulo llegó a un *Guru* que estaba sentado con los ojos cerrados, absorto en meditación. Esperó hasta que el *Guru* abrió los ojos. Tuvo que esperar años antes de recibir la bendición de ver la mirada benévola del *Guru*. El *Guru* cerró los ojos de nuevo y no los abrió hasta años más tarde. El discípulo se alegró mucho. Sin embargo, minutos después de abrir los ojos, el *Guru* los cerró de nuevo y se sumergió en meditación. Pasaron los años. El *Guru* abrió los ojos para mirar al discípulo que meditaba sobre los pies del *Guru*. El discípulo se elevó a un estado de éxtasis. El *Guru* cerró de nuevo los ojos. El discípulo esperó con paciencia. Se olvidó completamente de comer y dormir. Muchos años después, el *Guru* volvió a abrir los ojos. Abrazó al discípulo. Aquel abrazo hizo que el discípulo alcanzara el conocimiento del Ser. Todos los que están en presencia de una *Guru* tienen una historia que contar, la historia de un sacrificio. La paz final que logran esas vidas benditas, esas crónicas vivientes del amor, es un elixir divino para la liberación del *samsāra*.

Dios no está lejos. Está aquí, en la presencia de la *Guru*. No necesitamos seguir vagando en busca de una *Guru*. La vida humana no está destinada a quedarse limitada a las olas del océano *samsārico*. Si abrimos el ojo del amor, veremos a Dios en todas partes. La apatía y el miedo desaparecerán para siempre. La *Guru* es como un fenómeno que puede transmutar los metales viles en oro. El amor transforma completamente la naturaleza de nuestra sustancia interior. Cuando tenga lugar ese cambio experimentaremos que el mundo entero se transforma. Cuando el universo visible está desprovisto de amor se vuelve mundano. Cuando está impregnado de amor se convierte en el patio de recreo de Dios.

Circunambulando la montaña

Los devotos que viajan a *Tiruvaṇṇāmalai* para el festival relacionado con el encendido de la lámpara de *Kārtika* también circunambulan la montaña *Aruṇācala*. *Ramaṇa Maharshi* no veía *Aruṇācala* como una simple montaña, sino como el propio Todopoderoso. A menudo gritaba "¡Padre!" y caminaba lentamente alrededor de la montaña entera. Los *mahātmas* ven al Señor hasta en los objetos que nosotros consideramos inanimados.

Para circunambular totalmente la montaña hay que caminar una distancia de unos doce kilómetros. El día anterior habíamos subido la montaña y estábamos agotados. Por esa razón, nadie intentó circunambular la montaña. Aquella tarde, alguien entró corriendo y dijo:

—¡No encontramos a Amma!

Nos levantamos de un salto y echamos a correr. Como habíamos recibido la noticia bastante tarde, alquilamos un coche de caballos y empezamos a buscar a Amma por distintos lugares. Recordé algo que había sucedido mientras subíamos la montaña el día anterior. En la montaña había muchas cuevas. Amma había entrado en una de ellas y se había puesto a meditar. No abrió los ojos ni después de un largo rato. Fue difícil sacar a Amma de su meditación. E incluso después de abrir los ojos no accedía a salir con nosotros. Sólo salió después de insistirle mucho. Cuando salió, Amma dijo:

—No me apetece en absoluto salir de este lugar. Estoy controlando las ganas de quedarme pensando en mis hijos.

Nos imaginamos que Amma habría entrado en alguna cueva. ¿Cómo íbamos a encontrarla con tantas cuevas en la enorme montaña *Aruṇācala*? Nos movimos de aquí para allá, totalmente desesperados, buscando a Amma. Para entonces el coche de caballos había llegado junto a *Aruṇācala*. Debemos de haber ido corriendo unos cinco kilómetros por la carretera que rodea la montaña. Fue entonces cuando vimos a Amma caminando a cierta distancia. Cuando estuvimos cerca, nos bajamos del coche y corrimos hacia Ella.

Sus dedos formaban una *mudra.* Su rostro mostraba una sonrisa encantadora. Tenía los ojos medio cerrados. Amma estaba asombrosa mientras caminaba. La Diosa *Pārvati* circunambulando a *Parameśvara*: eso me pareció la visión. Nos pusimos a caminar con Ella. El carro de caballos nos acompañaba. Tratamos de bajar la mente de Amma de sus enrarecidas alturas recitando *mantras* védicos. Cantamos *bhajans* con devoción, a voz en grito, y así circunambulamos la montaña. La recitación del *praṇava mantra "Om"*, de *mantras* de cinco sílabas y de *bhajans* hicieron que la dicha de la devoción se derramara sobre nosotros. Tras caminar una larga distancia, Amma se volvió para mirarnos compasivamente. Su mirada tenía el poder de convertir en cenizas las cargas kármicas y las *vāsanas.* Poco a poco, Amma bajó a nuestro nivel. Entonces empezó a bromear y a hablar sobre temas triviales. Un poco más tarde, Amma se sentó bajo un árbol que estaba al lado de la carretera. Todos nos arrimamos a Ella. Después de descansar un poco, reanudamos la marcha. Por mucho que insistimos, Amma se negó a subirse al coche de caballos. Caminamos cerca de doce kilómetros. En el lugar donde termina la circunambulación Amma vio a un encantador de serpientes. Hacía que las serpientes se cimbrearan con su música. Como una niña pequeña, Amma se quedó de pie mirando la escena con la mayor curiosidad.

—Hijos, ¿por qué no tienen manos y piernas las serpientes?

Al escuchar su pregunta, todos se echaron a reír. La propia Amma dio la respuesta:

—Cuando tenían manos y piernas debieron de utilizarlas mal. Hijos, recordad que éste puede ser el destino de esas personas.

La expresión facial de Amma cambió. La majestad y la dignidad de la *Guru* se hicieron patentes en su rostro. Prosiguió:

—Hijos, Amma sabe que no amáis a nada ni a nadie más de lo que amáis a Amma. No podéis pensar en ningún otro Dios. Por eso, esta circunambulación no os hace falta. Sin embargo, la sociedad os ve como ejemplos. Nuestros antepasados eran capaces de ver al Señor en la *Guru*. No todo el mundo puede hacerlo en esta época. Por eso, prácticas como la circunambulación son necesarias para la gente corriente. La sociedad debe aprender estas prácticas de personas como vosotros. Hijos, también debéis dar ejemplo realizando estas prácticas vosotros mismos. Por eso debéis cumplir el protocolo, para elevar a la gente corriente que vaga por el bosque de la transmigración. Amma tuvo que comportarse de esta manera para enseñaros.

Amma dijo más tarde:

—Amma está siempre regañando a sus hijos. No debéis estar tristes pensando que Amma no os quiere. Amma os reprende porque está llena de amor por vosotros. Hijos, vosotros sois la riqueza de Amma. Cuando Ella renunció a todo, obtuvo algo a lo que no podría renunciar: sus hijos. Cuando os convirtáis en la luz del mundo, Amma será verdaderamente feliz. Ella no necesita vuestras alabanzas o vuestro servicio. Lograd la fuerza que os permita soportar la carga de las penas del mundo.

Las palabras nectáreas de Amma fueron aleccionadoras. Caímos a sus sagrados pies y pedimos: “Amma, haznos buenas personas. Que seamos capaces de sacrificar nuestra vida por el bien de la gente”.

La sabia simplicidad

21

Normalmente, las personas sienten el deseo de alardear de sus insignificantes talentos delante de los demás, pero los *mahātmas* enmascaran su sublime grandeza y disfrutan del mundo. En raras ocasiones, algo se desborda de sus jarros rebosantes y lo recogemos, completamente atónitos.

—¿Por qué esconden los *mahātmas* su gloria y actúan como seres corrientes?

En una ocasión, escuché a un devoto hacerle esta pregunta a Amma. La respuesta de Amma fue una contrapregunta:

—¿Por qué se disfrazan a veces los policías durante las investigaciones? En ocasiones pueden incluso actuar como ladrones.

Con frecuencia, he sentido que Amma es uno de esos policías. Ha asumido el disfraz humano solamente para amarrarnos con su amor. ¿Y por qué tiene que amarrarnos? Para liberarnos de los grilletes de todos los demás apegos. Para hacernos eternamente libres. Para ayudarnos a llegar a la morada de la Paz.

Aunque Amma se esfuerza por ocultar su verdadera naturaleza, sus esfuerzos no siempre tienen éxito, especialmente con sus hijos que la siguen como sombras. Por eso los residentes del *āśram* tienen numerosas oportunidades para ver personalmente al menos un poco de la gloria de Amma.

Recuerdo un acontecimiento que tuvo lugar después de que me hiciera residente del *āśram*. Un amanecer, cuando salí del *kaḷari* después de hacer el *arcana* y la meditación, vi a Amma sentada en la veranda, escribiendo algo apresuradamente. Caminé lentamente hacia donde se encontraba. Con una mano, Amma cubrió rápidamente lo que había estado escribiendo. Mirándome, me dijo:

—Hijo, ¡no vengas ahora!

Obedecí.

Sin embargo, mi curiosidad se despertó. ¿Qué podría estar escribiendo Amma? Decidí esperar a que terminara. Durante las horas siguientes, Amma llenó dos libretas de ochenta páginas. Me acerqué y le pregunté:

—Amma, ¿qué estabas escribiendo?

—Nada, hijo.

—¿Nada? ¡Pero si te he visto escribiendo frenéticamente, llenando dos cuadernos!

Amma simplemente sonrió y dijo:

—No me acuerdo.

"Los acontecimientos de millones de años pasados surgieron dentro de mí". Amma había escrito este verso en un poema que compuso hace años. ¿Cómo podía alguien que recordaba cualquier cosa que había sucedido durante vidas enteras haberse olvidado de algo que acababa de ocurrir? Mi apetito de averiguar lo que Amma había escrito aumentó.

Sin más comentario, Amma recogió los cuadernos y salió corriendo. La busqué por todas partes, pero no pude encontrarla. Sabía que Amma podía volverse invisible si quería; pero, ¿por qué había salido corriendo con esos cuadernos? ¿Y qué pasaba si yo los leía? Encontré a Amma mucho más tarde, al anochecer. Estaba tumbada en el bosque de cocoteros, durmiendo profundamente. Busqué esos cuadernos por todo el *āśram*, pero no los encontré. Finalmente, abandoné la idea de dar con ellos.

Pasaron muchos meses. Un día, mientras limpiaba la cabaña en la que vivía Amma, me fijé en un baúl de madera. Había hormigas saliendo por sus cuatro costados. Cuando lo abrí, vi los cuandernos que Amma había escrito. Me sentí enormemente agradecido a las hormigas por haberme llevado hasta los cuadernos. Los agarré. Cuando abrí uno de ellos y leí la primera página, me quedé maravillado. Amma había explicado los misterios más recónditos y profundos del universo en un lenguaje incomparable y espléndido. Aquellos versos rebosaban una belleza poética increíble.

Mientras leía la siguiente página vi de lejos que Amma caminaba hacia la cabaña. Puse los libros en su lugar.

En aquella época, un devoto de *Trivandrum* que solía venir al *āśram* había convertido algunas de las palabras de ambrosía de Amma en epigramas. Obtuvo el permiso de Amma para publicarlas. Sería la primera publicación del *āśram*. "Qué bonito sería", pensé, "que los contenidos de los cuadernos que Amma había escrito pudieran incluirse en esa publicación". Que la gente sepa quién es realmente Amma.

Rápidamente fui a la cabaña, abrí el baúl y saqué los cuadernos. De repente, Amma apareció de la nada. Me quitó los dos cuadernos de las manos. Intenté arrebatárselos a la fuerza. Aunque sabía que no había forma alguna de que venciera en ninguna lucha a la encarnación de la Omnipotencia, no quería lamentar más tarde no haber intentado conseguir esos libros. Venciéndome sin esfuerzo, Amma me quitó los libros de las manos. Los hizo pedazos y los tiró a la ría. Pero cuando Amma me arrancó los libros algunas páginas habían quedado en mis manos. Me fui corriendo con esas páginas, consolándome con la idea de que al menos había conseguido algo. Aquellas páginas se publicaron más tarde, con el título de *"Amṛta Upanishad"*, en la primera edición de la primera publicación del *āśram*.

Si leemos lo que Amma ha esculpido con las manos expertas de la divina maga de las palabra —entre otras cosas cómo el alma entra en el útero y sufre bajo el peso de su carga kármica, recordando los pecados del pasado; cómo llama a Dios en una actitud de total entrega; cómo llega a la tierra con un cuerpo que soporta la carga del placer y del dolor; y cómo vaga por la vida, que es una mezcla de dolor y placer—, queda claro que Amma es omnisciente. No necesitamos ninguna otra prueba.

"Amṛta Upanishad"

El cuerpo es la causa del dolor. Todas las penas son causadas por el cuerpo, que no es nada más que un haz de sufrimientos que proceden de los resultados del karma. Realizamos todos los actos de manera egoísta, es decir, con la idea de "yo". El ego nace de la ignorancia. El cuerpo es sensible por asociación con el Ātma resplandeciente, como un trozo de hierro candente en contacto con el fuego. El Ātma piensa "yo soy el cuerpo" por su relación con Māya. Esta idea equivocada es lo que atrapa a todos los seres en las mallas de samsāra. Por eso, la mente no llega al camino de la Liberación. En función del balance entre las acciones meritorias o pecaminosas que se realizan, se obtiene un nacimiento elevado o bajo. Las acciones, virtuosas o no, crean un cuerpo. Algunas personas, deseando vivir en el cielo, realizan sacrificios y actos caritativos que se consideran virtuosos. Si llegan al cielo después de la muerte, pueden quedarse allí y disfrutar de la dicha celestial hasta que los resultados de sus actos virtuosos se agotan. Después, caerán de cabeza en la esfera lunar y, desde allí, se unirán a partículas de hielo y caerán a la tierra. Aquí se convierten en comestibles como granos de arroz que, cuando son consumidos por los seres humanos, se convierten en sangre. Ésta se transforma en el semen de un hombre, que es depositado en el útero de una mujer. Inmediatamente, es envuelto por un saco de membrana y crece. El resumen de este proceso es el siguiente:

El primer día, el semen y la sangre se unen y se convierten en un embrión. Después de cinco noches, se convierte en una especie de grumo. Al cabo de otros cinco días, se convierte en un trozo de carne. En otros quince días, diminutas gotas de sangre cubren ese trozo. Después de los veinticinco días siguientes, las extremidades empiezan a salir. En tres meses, los miembros tienen articulaciones y en el cuarto mes aparecen los dedos. Partes como las encías, las uñas, el sistema reproductor, la nariz, los ojos y las orejas aparecen en el quinto mes. En el sexto mes aparecen los agujeros de las orejas. En el séptimo mes se desarrolla el órgano genital, el ombligo, los brazos y la boca. En el octavo mes empieza a crecer el pelo de la cabeza y de otras partes del cuerpo. En el noveno mes el feto empieza a mover las manos y las piernas en el útero. A partir del quinto mes, la fuerza vital se manifiesta en el feto. La esencia del alimento ingerido por la madre es extraída por el cordón umbilical que está situado en la boca del útero y conectado a finos vasos que transportan la esencia de la comida que alimenta al feto. Cuando el cuerpo se ha desarrollado y la fuerza vital se ha manifestado plenamente, el niño recuerda sus nacimientos pasados y piensa: "¡Oh Dios! ¡En cuántos úteros diferentes he nacido! ¡Cuántos actos malvados he cometido! ¡Cuánta riqueza he acumulado por medios injustos! En esas vidas, nunca te he recordado ni cantado tus sagrados nombres. ¡Oh Dios! El sufrimiento que estoy pasando ahora es una consecuencia de todo eso. ¿Cuándo podré salir de este infierno? Si nazco de nuevo, nunca haré nada malvado. Sólo realizaré actos virtuosos en la medida de mis capacidades".

Con unos pensamientos y unas oraciones al Señor tan elevados, y cuando se cumplen diez meses lunares, el niño sale del pasaje vaginal bajo la presión de la fuerza del parto. Por mucho que lo quieran y lo cuiden los padres, las penas de la infancia son insoportables. Del mismo modo, es indudable que las personas padecen desgracias, de una u otra forma, incluso durante la juventud y la vejez. ¿Para qué extenderse tanto? El cuerpo sólo es una bolsa de dolores. Los seres experimentan placer y dolor por la identificación con el cuerpo. Es un hecho que los sufrimientos del nacimiento y la muerte son causados por el cuerpo. El Ātma es eterno y está separado de los cuerpos tosco y sutil. Conociendo esta verdad y abandonando el amor al cuerpo, vive como un Conocedor del Ātma. Toda la ignorancia desaparecerá cuando sepas que el Ātma —siempre puro, siempre pacífico, imperecedero, siempre despierto, imparcial, más allá de todas las cualidades, el Ser único de todo el universo, el Brahman supremo— está separado del mundo fenoménico de Māya. Teniendo presente este principio, vive en la tierra hasta que todo tu prārabdha karma se agote.

Expresiones de divinidad

22

Viviendo con amma tenemos innumerables ocasiones de percibir expresiones de inocencia en sus acciones mentales y físicas. Hace algunos años un devoto trajo un paquete de caramelos. Amma nos llamó a todos y dijo:

—Venid, hijos, aquí hay unos ricos caramelos.

Dividió y repartió los caramelos entre nosotros y despúes guardó cuidadosamente los envoltorios. Cuando le pedimos los envoltorios, Amma dijo:

—No, no se los doy a nadie. Son unos envoltorios preciosos. ¡Los quiero todos!

Algún tiempo después vimos que los envoltorios estaban tirados de cualquier manera. De hecho, Amma no se queda con nada. La imagen de los envoltorios tirados nos transmitía el mensaje de que todo era para sus hijos.

A veces, devotos que vivían lejos invitaban a Amma a sus hogares. Si pasábamos por cualquier río en nuestro viaje hacia allí, parábamos el vehículo para darnos un baño en el río. En esas ocasiones Amma se metía en el agua y se negaba a salir. Cuando todas nuestras súplicas fracasaban, íbamos a sentarnos al vehículo, derrotados. Sólo entonces Amma salía del río, y muy a regañadientes.

En una ocasión estábamos viajando en tren hacia un lugar sagrado de *Tamil Nāḍu*. Cuando el tren pasaba por una aldea, Amma dijo de repente:

—¡Quiero bajarme inmediatamente!

La siguiente estación estaba muy lejos, pero Amma insistía y se puso a discutir con nosotros. Ante nuestro asombro, el tren se detuvo de repente. Era como si el tren hubiera respondido a una señal procedente de algún lugar para que se parara. En seguida, Amma saltó del tren, caminó hacia un lugar no demasiado alejado y se tumbó en el suelo. Estábamos muy preocupados, porque el tren podía arrancar en cualquier momento. Le suplicamos fervientemente que se subiera al tren. Su única respuesta era:

—¡No me molestéis! Dejadme sola. No me pienso levantar de aquí.

Finalmente, sin ver otra salida, dos devotos llevaron a Amma de regreso al tren.

En aquellos días, la apariencia física de Amma era la de una niña. Una pregunta que frecuentemente se hace con asombro: "¿Por qué los *mahātmas* son tan inocentes y nosotros tenemos una naturaleza tan diferente?"

¿Es por alguna carencia nuestra? No, no es por ninguna carencia. De hecho, se debe a que tenemos demasiado de ciertas cosas; en otras palabras, al ego: la actitud de "yo" y "lo mío" y los consiguientes gustos y aversiones de nuestra personalidad. Es esta estrecha concepción del "yo" la que crea la impresión de que nos falta algo. De este sentido de carencia o de estar incompleto es de donde nacen los deseos. Nos olvidamos de que estamos enteros y completos porque nuestra mente ha sido cubierta por el velo del ego.

¿Qué es lo que hace una *Guru* o un *mahātma*? La *Guru* nos extrae el material extraño. Recuerdo la historia de un hombre que era propietario de una tienda de estatuas y antigüedades. En una ocasión, un amigo visitó al propietario. Había expuestas preciosas estatuas de diversas formas y colores. Frente a la tienda, en el suelo, había una tosca piedra. El amigo vio que las estatuas expuestas en la tienda eran muy caras. Señalando la piedra que yacía en el suelo, el amigo le preguntó al propietario por cuánto la vendería.

—Oh, ¿aquella? —dijo el propietario, con total desinterés— ¡Sería muy feliz dándotela y deshaciéndome de ella!

E inmediatamente le entregó la piedra a su amigo.

Unos cuantos días más tarde, el propietario de la tienda fue a visitar a su amigo. Cuando vio una reluciente estatua de *Devi* en la sala de *pūja* del amigo, el propietario se quedó sorprendido.

—¿De dónde has sacado esta maravillosa estatua? —le preguntó con enorme ansiedad.

El amigo le contestó:

—La esculpí con la piedra que había delante de tu tienda y que me llevé hace unos días. Debes de estar preguntándote cómo aquella masa deforme de piedra pudo convertirse en esta imagen espléndida de Dios, ¿verdad?

Y siguió:

—Primero, limpié toda la suciedad de la piedra. Después le quité todas las partes que le sobraban y, por último, la pulí. Así es como se creó esta bonita imagen.

En realidad, esto es lo que hace la *Guru*. Mediante un régimen de disciplina, Ella elimina las *vāsanas* innecesarias de nuestro carácter y saca la divinidad que hay latente en nosotros. De este modo, alcanzamos la Totalidad.

Sin embargo, aunque la *Guru* esté cerca de nosotros, podemos no lograr los resultados que esperamos. La *Guru* es como un imán, como una magnetita divina. Hay tres tipos de personas. Muy pocos son como el acero, que se magnetiza sólo por estar cerca del imán. Ni siquiera cuando se retira el imán original pierde el acero su poder magnético, sino que lo conserva. Así es el discípulo de primera categoría. Más tarde, estos discípulos se convierten ellos mismos en *Gurus*.

El segundo grupo de personas es como el hierro en bruto. El imán los atrae; sin embargo, cuando se retira el imán el hierro en bruto pierde su poder magnético. La mayoría de nosotros nos sentimos sumamente atraídos por un *mahātma*, pero en cuanto nos separamos del *mahātma* volvemos a perseguir los placeres materiales y otros intereses egoístas, obligados por la fuerza de nuestras *vāsanas* y deseos.

La mayor parte de las personas pertenecen a la tercera categoría. Esas personas son como trozos de madera: incluso estando justo delante del imán que es el *mahātma* no pasa nada. No sólo esas personas no son atraídas por los *mahātmas* sino que tampoco son capaces de ver ninguna grandeza en ellos. Nos puede consolar un poco el hecho de que, por la gracia de Amma, no pertenecemos a esta categoría.

Cuando el acero se sitúa cerca de un imán, ¿cómo se magnetiza? La estrecha proximidad del imán hace que los átomos de la barra de acero se alineen con los átomos del imán. Para que nuestra relación con la *Guru* nos proporcione algún beneficio, debemos realinear nuestro cuerpo, mente e intelecto con las metas y los consejos que Ella nos da. Debemos desgastar la masa de ego que bloquea nuestra visión de la Verdad y entregarnos a la voluntad de la *Guru*.

Tanto la vida humana que tenemos ahora como los cambios que nos han traído las vidas anteriores están dirigidos a arrancar de raíz nuestro ego. La *Guru* o Dios quieren acercarnos a ellos, sin egoísmo ni orgullo y con la inocencia de un bebé recién nacido.

Recuerdo un acontecimiento que tuvo lugar hace muchos años durante un *Kṛshṇa bhāva darśan*. Amma estaba despertando su divinidad interior cantando himnos de alabanza al Señor *Kṛshṇa*. El terreno que hay delante del *kaḷari* estaba lleno de devotos que se reían y bailaban en la embriaguez de la devoción.

El *bhāva darśan* comenzó. Yo estaba de pie cerca de Amma, dentro del *kaḷari*, observándolo todo. Era la oportunidad perfecta para ver de cerca las actitudes juguetonas de Amma y oír sus divertidas ocurrencias. Ella estaba de pie con un pie apoyado sobre un pedestal: solía dar el *Kṛshṇa bhāva darśan* de pie. Amma era, verdaderamente, la personificación de una belleza que desafíaba toda descripción, con la cara iluminada por una encantadora sonrisa que parecía un orbe brillante y vibrante. Los devotos acicalaban a Amma con ropajes relucientes, una corona y guirnaldas de flores. El temor de que la mirada traviesa de Amma penetrara en los recovecos interiores de sus corazones hacía que algunos bajaran la cabeza. Cuando los corazones de algunos volaban hacia el estado supremo de dicha, sus ojos daban nuevos significados a las lágrimas.

Había dos filas de devotos esperando para el *darśan*. Todos vieron que dos jóvenes entraban a hurtadillas en el *kaḷari*, saltándose las colas. A algunos no les gustó que entraran directamente en el *kaîari* cuando había tantos haciendo cola para el *darśan*. Sin embargo, la expresión de Amma no cambió. Ambos llegaron y se quedaron de pie delante de Ella. Uno de ellos se puso a hablar:

—Amma, éste es mi amigo. No ha hablado desde que nació. Los miembros de su familia sufren infinitamente. ¿Qué debemos hacer para que pueda hablar?

Amma me miró y sonrió con dulzura. No entendí el significado de su sonrisa. Sin decir ni una palabra, Amma los acarició. Les indicó que se sentaran a un lado. Ambos se sentaron en un rincón del *kaḷari*. Amma pide a algunos devotos que se sienten y mediten un rato. Amma también me dijo lo mismo hace mucho. Aquel día, cuando fui a probarla, Amma tomó un puñado de crisantemos de un cesto y, poniéndolos en mis manos, me dijo que recogiera cuarenta y una flores. Con mucho cuidado, me puse a contarlas. Cuando hube terminado de contarlas, me di cuenta de que Amma me había dado exactamente cuarenta y una flores. Con las flores en la mano, miré a Amma. Riéndose, me preguntó:

—¿Has acabado de contarlas?

Contesté:

— ¡Me diste cuarenta y una flores!

Sin decir nada, Amma volvió a reírse.

Más adelante, muchas veces, durante los *Kṛshṇa bhāva darśans*, veía a Amma dándoles flores a algunos devotos y pidiéndoles que las contaran. Me quedaba asombrado: ¡Siempre había cuarenta y una! Un día, le pregunté:

—Amma, ¿no sabes que hay exactamente cuarenta y una flores? Entonces, ¿por qué le pides a la gente que las cuente?

—Hijo, si no se les da alguna tarea pensarán en otras cosas. Les pido que lo hagan para que no piensen en otras cosas al menos mientras están aquí. ¿No es cierto que la mente se pone a vagar cuando estamos sin hacer nada? Que la mente piense en las flores. Que el corazón se vuelva suave como una flor. Que la flor del corazón florezca, extendiendo su fragancia.

Comprendí que cada acción de Amma tiene miles de significados. Hay mucho que aprender de cada uno de sus movimientos. Entendí que lo que la *Guru* enseña es lo que no puede enseñarse.

Después de estar sentados un ratito, las piernas de los jóvenes debieron de empezar a dolerles, porque les vi levantarse lentamente y marcharse. Cuando hubieron salido, Amma dijo:

—Hijo, los que se acaban de marchar vinieron a probarme. Ese hombre no es mudo. Estaba fingiendo.

—Amma, ¡se lo podías haber dicho! De lo contrario, ¿no pensarán que eres incapaz de saber esas cosas?

Viendo mi arrebato, Amma sonrió:

—Hijo, ¿y qué importa si lo piensan? Déjalos. Después de todo, ¿no se tomaron la molestia de venir hasta aquí? Déjales que disfruten pensando que han ganado. ¿Por qué debemos quitarles sus alegrías a los demás?

—¿No les volverá esto aún más soberbios?

Oyendo mi pregunta, vi que la expresión de Amma cambiaba.

—Hijo, si se vuelven soberbios, la naturaleza se levantará en armas para aplastarlos.

No intenté decir nada más. Aquellas eran las palabras de la omnisciencia.

Dos días más tarde llegó una postal para Amma. En ella se podía leer las siguientes palabras:

"Hija, quizá nos recuerdes. Soy la persona que te trajo al mudo ese día. De hecho, ya no es mudo. Hija, vinimos para ver si podías averiguarlo. Somos racionalistas. El hecho de que no pudieras descubrirlo es una prueba de que no posees ningún poder especial. Mi querida niña, estaría bien que dejaras de hacer eso y te dedicaras a alguna otra cosa."

Corrí donde Amma con esta carta tan burlona en la mano. Entregándosela, le dije:

—Amma, por favor, lee esta carta.

Amma leyó la carta y se rió a carcajadas. Dije:

—¿Qué piensas ahora? ¿No te dije entonces que se burlarían de ti? Amma, deberías habérselo dicho en ese mismo instante. ¿No tienen ahora ellos ventaja?

Oyendo mis palabras, se echó a reír de nuevo. Dijo:

—Hijo, no te disgustes. Volverán aquí de nuevo.

Pocos días más tarde, un gran grupo de gente llegó al *āśram*. Los dos jóvenes que habían venido antes también estaban entre ellos. Les pregunté directamente si habían venido de nuevo a probar a Amma.

—¡En absoluto! Necesitamos ver a Amma urgentemente para pedirle perdón. Por eso hemos venido.

Al oír esas palabras pronunciadas por el amigo del "mudo", pregunté:

—¿Qué ha pasado para que ahora te sientas así?

—Lo confesaré todo. Le confesaré todo a Amma.

Con una ligera duda, le miré atentamente. Cuando vi la expresión de su cara me di cuenta de que algo le perturbaba mucho. Cuando le informaron a Amma de su llegada, los llamó de inmediato. Todos ellos entraron en la cabaña y se sentaron. Y empezaron a contarle sus preocupaciones a Amma. El hombre que había venido antes habló:

—Somos estudiantes del College M.S.M. de *Kāyāmkuḷam*. Vinimos hace unos días. Cuando nos acercamos a Amma para el *darśan*, uno de nosotros fingió ser mudo. Sabemos que lo que hicimos estuvo mal. Sin embargo, eso fue lo que hicimos. Ahora mi amigo se ha quedado mudo de verdad. Me siento sumamente angustiado. Lo he llevado a muchos médicos. Todos dicen que no hay ningún problema en absoluto. Cuando se lo conté a sus familiares, también lo llevaron a distintas personas, pero en vano. Finalmente, un experto en predicciones astrológicas dijo: "Ha contrariado a alguna persona en un lugar sagrado. Sólo yendo a aquel lugar para reparar su pecado recuperará la facultad del habla". Por eso hemos vuelto con nuestra familia. Amma, tienes que ayudarle.

Amma abrazó a la persona que se había quedado muda. Le puso la cabeza en su regazo y lo consoló. Presionó un dedo sobre la lengua del hombre y cerró los ojos durante un rato. Después le hizo beber agua consagrada. Después, Amma le animó a decir las palabras "Amma"" y "*Acchan*". Él balbuceó, tratando con esfuerzo de pronunciar aquellas palabras. Unos momentos después pudo volver a hablar. Gritó "¡Amma!" y rompió a llorar. Lágrimas brotaban de los ojos de todos los que presenciaban la escena.

Al unísono, los miembros de la familia le suplicaron a Amma que perdonara a sus hijos por el error que habían cometido. Ella dijo:

—Amma nunca ha querido que nada malo les sucediese a estos hijos. Sin embargo, Dios observa todo lo que hacemos. Debemos recordar que la naturaleza tiene mil ojos y oídos. Por eso debemos ser cuidadosos antes de decir o hacer algo. No pronunciéis palabras sin sentido. No perdáis el tiempo. La vida es muy preciosa. Cada momento es inapreciable. Sabed que este cuerpo con el que Dios nos ha bendecido es un medio para realizar buenas acciones. Nuestras palabras deben consolar a los demás. Por eso Dios nos ha dado una lengua. No la utilicéis para ridiculizar o herir a los demás. Todos nuestros actos deben ser acciones nobles. Por los buenos pensamientos y las buenas acciones debemos convertir nuestra preciosa vida humana en una adoración a Dios.

Las palabras de néctar de Amma provocaron una asombrosa transformación en ellos. Todos siguieron viniendo a verla. Al haber percibido nuevos horizontes en la vida, se rindieron ante los pies sagrados de Amma, con la firme resolución de dedicar su vida al bien de la sociedad.

En la metrópoli de Mumbai

23

Mientras hacía *sādhana* en la divina presencia de Amma, tuve que volver a dejar el *āśram*. Mi padre me había buscado un buen trabajo en *Mumbai* (*Bombay*). Amma también insistió en que fuera a trabajar durante algún tiempo. Cuando se ha estado en una estrecha proximidad física con Amma durante cierto tiempo, ¿cómo puede uno dejarla y permanecer lejos? No me quedaba más opción que decirle que no lo haría. Sin embargo, Amma opinaba que, como había obtenido el permiso de mi padre y de mi madre para seguir el camino espiritual, estaba obligado a trabajar por ellos. Reconociendo la lógica, accedí a marcharme a trabajar. Sin embargo, insistí en que quería sentir la cercanía de Amma igual que la estaba sintiendo entonces; de lo contrario, le advertí a Amma que regresaría igual que lo había hecho antes en *Bangalore*. Amma me aseguró que siempre estaría conmigo.

Llegué a la gran ciudad de *Mumbai*. Cuando pensaba cómo Amma había decidido sacrificar mi vida de nuevo en el altar del materialismo, lloraba. Tuve suerte de encontrar un lugar donde quedarme en el *Sāndīpani Sādhanālaya*, una organización espiritual, desde donde podría ir a trabajar. Mi lugar de trabajo estaba lejos. Si iba en autobús, tenía que viajar durante una hora y media; en tren, durante media hora. Opté por el autobús. Los trenes estaban llenos. A menudo, tenías que ser tan ágil como un acróbata para subirte en uno de los trenes. Para alguien de un lugar como *Kerala*, esto habría sido una verdadera aventura. Los autobuses, por el contrario, no estaban llenos. Se tenía mucho tiempo para recitar el *mantra*. Como había muchas paradas por el tráfico, se tardaba mucho en llegar al destino. Por eso la mayoría de la gente viajaba en tren.

Mi primer viaje en autobús fue asombroso. Cuando subí al autobús vi que la mayoría de los asientos estaban libres. Con las cuentas de la *māla* (rosario) en la mano, me senté en uno de los asientos vacios. Me sentía confortado por el hecho de que ahora podría dedicarme a recitar mi *mantra.* Visualizando a Amma, empecé a recitar.

En la siguiente parada del autobús, una joven subió al autobús y se sentó a mi lado. No me gustó que se sentara a mi lado cuando había tantos asientos libres. No sólo eso: se reclinó hacia mí como si tratara de ser un obstáculo en mi recitación.

Empecé a preguntarme por qué estaba allí sentada molestándome. La mayoría de los asientos estaban vacíos. ¿Por qué tenía tantas ganas de sentarse a mi lado cuando podría haberse sentado en cualquier otro asiento? Mientras reflexionaba sobre estos asuntos, ella me miró y me sonrió. No le devolví la sonrisa. Me puse a mirar por el cristal de la ventana y me apretujé en un rincón. ¡Ella se me acercó aún más! Mirándola con suma aversión, me levanté y me senté en un asiento vacío de la parte delantera del autobús.

Al cabo de un rato, la mujer vino y se sentó en un asiento que había frente a mí. Antes, sólo podía verla si giraba la cabeza. ¡Ahora estaba sentada justo delante de mí! Aunque mirara hacia otro lugar, ella seguía estando visible. Indudablemente, se había sentado allí con esa intención. Tenía que mirar hacia abajo para evitar verla. Pero, ¿cuánto tiempo se puede estar sentado así? Poco después, me levanté, me fui a la parte trasera del autobús y me senté en uno de los asientos que había allí. Afortunadamente, la mujer no me siguió, aunque parecía mirarme de vez en cuando. Para evitar su mirada, cerré los ojos.

Como había estado viajando el día anterior, estaba muy cansado y me quedé dormido casi inmediatamente. Soñé que Amma venía y se sentaba a mi lado. Me abrazada con sumo amor y cariño. Apoyé la cabeza en sus hombros y lloré durante un largo rato. Amma me acarició y siguió intentando consolarme. Seguía diciendo, una y otra vez, que Ella estaba conmigo. Cuando el semáforo se puso en rojo, el autobús frenó de repente. Todos los que estábamos en el autobús recibimos una sacudida. Cuando abrí los ojos, me quedé espantado: ¡tenía la cabeza apoyada en el hombro de alguien! Cuando me di cuenta de que era el hombro de la mujer que se había sentado antes a mi lado a mí, pegué un salto. Todavía entonces seguía sonriéndome. Cuando vi esa sonrisa, me quedé lívido. Sin saber qué hacer, me quedé petrificado, como una estatua. Los viajeros del autobús me miraban. Nadie miraba a aquella mujer. Ni siquiera parecía que la hubieran visto. Cuando el autobús se detuvo en la siguiente parada, salté del mismo. Después tomé un taxi hasta el trabajo.

Al día siguiente, le escribí una carta a Amma.

"Amma, la ciudad de *Mumbai* no es, de ninguna manera, adecuada para los *sādhaks*. ¡Las mujeres de aquí no actúan nada bien! Amma, ¿esto es lo que querías decir cuando dijiste que estarías conmigo? Mis prácticas espirituales se están frustrando. Amma, no estoy sintiendo tu presencia en absoluto. Si así es como va a ser aquí, no tendré más remedio que regresar pronto".

Unos pocos días después, recibí una respuesta de Amma.

"Querido hijo, Amma fue a verte, pero no le prestaste ninguna atención. Ni siquiera cuando Amma te sonrió le devolviste la sonrisa. Amma trató de hablar contigo, pero no le diste ocasión de hacerlo. Cuando Amma se te acercó, te levantaste y te fuiste. Hijo, no te sientas mal por ello. Amma volverá contigo".

¡Me quedé asombrado! Recordé el episodio del autobús. Le había suplicado personalmente a Amma que estuviera cerca de mí. Sin embargo, al no darme cuenta de que la que había venido era Amma, la había ignorado; aún peor, me había comportado despectivamente. Comprendiendo mi insensatez, me vine abajo y lloré.

Cuando viajaba al día siguiente, me senté prestando mucha atención. Estudié a cada una de las personas que se subían en cada parada. Nadie se sentó a mi lado. Como las *gopis* que esperaban que el Señor *Kṛshṇa* les robara la cuajada, me quedé sentado esperando a Amma, con un lugar reservado para Ella a mi lado. Aquel día no vino nadie. Me olvidé de recitar mi *mantra* y estuve totalmente dedicado a mirar a las mujeres que se subían al autobús.

Al día siguiente, una mujer de piel oscura se sentó a mi lado. ¡No tenía ninguna duda de que era Amma! La miré intensamente a la cara, pero ella no se percató de nada. Traté de sonreírle. Aunque se dio cuenta, ella no sonrió.

"Oh, Amma, ¡actúas tan bien! No pienses que puedes engañarme". Seguí expresando mentalmente estos pensamientos. La miré de nuevo y sonreí. Cuando no hubo respuesta, le pregunté:

—¿Eres *malayāḷī*?

—Sí —contestó.

Haciendo acopio de valor, le pregunté:

—¿Eres Amma?

Cuando vi la expresión de su cara, me di cuenta de que había malinterpretado la pregunta. Pensando que le había preguntado si estaba casada y era madre, respondió:

—No, no estoy casada.

—¿De qué parte de *Kerala* eres? —pregunté humildemente.

– *Pālakkāḍ* —fue su respuesta.

Me presenté y le expliqué la razón de mis preguntas:

—Tengo una *Guru* que se presenta en distintas formas y hace travesuras para probarme. No tengo ni idea de cuándo o dónde aparecerá. Quería saber si eras mi *Guru* disfrazada; por eso te he hecho estas preguntas. Si te he molestado, por favor, discúlpame.

Oyendo mis palabras, la mujer, que se conducía con seriedad, no pudo evitar reírse.

Al día siguiente le escribí de nuevo a Amma contándole con detalle las experiencias de mis viajes en autobús.

"Había renunciado a la vida mundana y me había refugiado en tus santos pies. Sin embargo, Amma, Tú, que eres la personificación de la compasión, me has empujado en medio de la mundanidad. Traté de distanciarme completamente de las mujeres, pero ahora estoy yendo detrás de ellas. ¡Mis ojos están puestos en ellas para ver si son Amma!"

La carta de Amma llegó unos días más tarde.

"Hijo, no estás lejos de mi. No podrías separarte de mí aunque quisieras. Hijo, ¿pensaste que te había mandado a *Mumbai* para trabajar en una oficina y ganar dinero? ¡En absoluto! Era para cambiar tu visión del mundo. Hijo, Amma sabe que tú la quieres y Ella también te quiere tiernamente. De todas formas, Amma no está limitada a este cuerpo. Ahora mismo estás buscando a Amma por todas partes. Lo que estás buscando en las mujeres es sólo a Amma. Todas las mujeres se han convertido en Amma para ti. Por eso, todo lo que haces se ha convertido en una *sādhana*. Tus acciones no pueden, de ninguna manera, considerarse mundanas. Hijo, nunca más tendrás una ocasión como ésta de entrenarte para ver a todas las mujeres como madres. Esta separación es una bendición disfrazada. Hijo, dentro de poco Amma te llamará de nuevo para que vuelvas con Ella. No estés triste".

Leí la carta de Amma una y otra vez. Mis ojos estaban llenos de lágrimas. ¿No hay límites en el amor de *Jaganmāta*, la Madre del Mundo? Me preguntaba incluso si merecía esa gran fortuna.

Mis días en *Mumbai* después de aquello me ofrecieron experiencias totalmente diferentes, experiencias que me estimularon en la vida espiritual. Empecé a sentir el amor de Amma fluyendo en la oficina, donde me alojaba e incluso en las calles. ¿Dónde no está Dios? Todos me colmaban de amor.

Muchos días lloraba viendo la puesta de sol. Escribí el poema *"Āzhikuḷḷil dinakaran marañña"* ["El sol ha desaparecido en el mar"] mientras estaba sentado a orillas del mar. Sencillamente, fluyó el día en que llegué a *Mumbai*. Viendo la puesta de sol, me imaginaba que era la expresión del *jīvātma* anhelante, que añora disolverse en el *Paramātma*, y este anhelo tomó la forma de un poema:

āzhikkuḷḷil dinakaran maraññu
aṇayunna pakalil tengaluyarnnu
viśvaśilppiyuḍe vikṛtikaḷḷalle
vishādamentinu naḷinangaḷe
vishādamentinu naḷinangaḷe

El sol ha desaparecido en el mar.
El día que muere ha iniciado su lamento.
¿No es todo esto el juego del arquitecto universal?
Oh lotos, ¿por qué este desconsuelo?
Oh, lotos, ¿por qué este desconsuelo?

akhilāṇḍarājante vinodarangam
ī lokam śoka pūrṇam
kaḷimarappāvayāy ñānum karayuvān
kaṇṇunirillātta śilayāy

Éste es el patio de recreo del gobernante soberano.
Este mundo está lleno de dolor.
Como una marioneta, yo también
me he quedado sin lágrimas, como una estatua.

verpāḍin vedana uḷḷilotukki
tīnāḷamāy eriyunnu enmanam
tīnāḷamāy eriyunnu
tīrādukha kaḍaḷin naḍuvil
tīram kānātalayunnu

Reprimiendo en mi interior el dolor de la separación
mi mente está siendo abrasada por llamas,

abrasada por llamas.
En medio del mar del sufrimiento sin fin
lucho por mantenerme a flote, incapaz de ver la orilla.

Sin embargo, Amma, el sol del conocimiento, está saliendo en todas partes, disipando las oscuras sombras del dolor. El sol nunca se pone. La noche no es real. Para uno que viaja por el espacio exterior no hay ni amanecer ni puesta de sol. Para experimentar esto hay que alcanzar el cenit, la cumbre de la espiritualidad. Amma está derramando el elixir de la dicha divina, que está más allá de la alegría y la tristeza, eliminando así la oscuridad interior.

Mediante distintas experiencias, Amma estaba enseñándome la verdad de que la espiritualidad y el materialismo no son distintos. ¡Todo es divino! Debemos esforzarnos por imaginar que todos los objetos son Dios mismo. Las poderosas ideas de nuestra mente nos pueden conducir a la Verdad. Podemos aprovechar el poder divino presente en todas las cosas, pero primero debemos lograr la necesaria pureza interior. Debemos purificar el corazón con pensamientos nobles, buenas acciones, oración, *japa*, meditación y prácticas espirituales como ésas. Podemos experimentar y conocer a Dios, que ilumina todos los objetos.

Todas las personas de este mundo pasan por diferentes experiencias. La constitución mental de una persona es diferente de la de otra. Por eso todos ven el mundo de manera diferente. Sólo los *mahājñānis* ven el mundo como realmente es. Cuando la mente se vuelve pura, la visión verdadera llega fácilmente.

* * *

En los días que siguieron fui consciente de que la divina presencia de Amma estaba en todas partes. Fuera donde fuera, cuando necesitaba ayuda alguien se apresuraba a dármela. Había estado evitando viajar en el tren porque éste iba abarrotado.

Hubiera sido difícil hacer *japa* con aquel ajetreo. Sin embargo, había mucha gente que soportaba las incomodidades de viajar en tren. Pensar en mi propia comodidad no parecía correcto. Decidí acostumbrarme a viajar en tren.

Los primeros días fueron realmente difíciles. Poco a poco acepté las dificultades. Me acostumbré a recitar el *mantra* mientras los viajeros me empujaban por todas partes. Recordé el consejo de Amma de que no hacía falta apartar ningún tiempo concreto para recordar a Dios. Si se pueden hacer prácticas espirituales incluso en las situaciones adversas, se obtendrá una mayor recompensa por ello. Cada carta que Amma enviaba despedía la dulce fragancia del amor y el cariño. La satisfacción que se logra con el sacrificio no puede obtenerse con los placeres sensoriales.

Un día, cuando me subí al tren, el sonido de *bhajans* que salía del siguiente compartimento me llevó hasta allí. Mi corazón había estado sediento de oír himnos devocionales, y las vibraciones de aquellas canciones eran como una ducha proverbial de néctar. La escena con la que me encontré me llenó de alegría el corazón. Había muchas personas sentadas en el suelo cantando *bhajans*. Frente a ellos había una pintura de *Durga* con una guirnalda. Los miembros del grupo de *bhajans* cantaban desenfrenadamente, ajenos a todo lo demás. Otros bailaban con la melodía. Esas personas habían encontrado tiempo para recordar a Dios incluso entre aquella multitud. Todos eran oficinistas. Ese día no me di cuenta en absoluto del paso del tiempo. A partir de entonces me subí al compartimento de los *bhajans*. Para distinguir su compartimento de los demás, los miembros del grupo de *bhajans* colgaban guirnaldas en el exterior de las ventanas. Al ver las guirnaldas, corría para subirme a ese compartimento.

Un día, los *bhajans* acabaron cuando el tren se detuvo en la última estación. Aquí era donde la mayoría de la gente se apeaba. Mientras me bajaba, me abordó el líder del grupo de *bhajans*.

Se presentó como *Śāntārām*. Me habló mientras caminábamos juntos:

—Llevo varios días queriendo hablar contigo. Hasta ahora no he tenido ocasión. Me siento atraído por ti. Te he estado observando durante los *bhajans* y he visto algunas lágrimas cayendo de tus ojos. Poder llorar mientras se recuerda a Dios es una gran bendición. Me gustaría llegar a conocerte.

Simplemente sonreí y no dije nada. El sentimiento de éxtasis que sentía cuando oía *bhajans* aún no había menguado. Trataba de acallar las olas de dicha que brotaban en mi interior. Tras repetidos intentos, me presenté. Respecto a la dicha que se experimenta mientras se le llora a Dios, dije:

—Cuando pienso en el amor de *Jagadīśvari*, no puedo evitar llorar y llorar.

No sé si entendió lo que quería decir. Expresó el deseo de saber más de mí. *Śāntārām* y yo caminamos una larga distancia. Aparte de Amma, no tenía nada más de qué hablar.

—No trabajas el domingo, ¿verdad? —me dijo— ¿Te importaría venir a mi casa?

No pude rechazar la cariñosa invitación de *Śāntārām*. Le dije que iría y apunté la dirección del piso donde se alojaba.

El domingo salí hacia la casa de *Śāntārām*. No fue difícil localizar su apartamento en *Andheri*. Supuse que era la voluntad de Amma que fuera allí. Cuando llegué al piso de *Śāntārām*, me sorprendí. En el piso sólo había dos habitaciones, y una de ellas había sido convertida en una habitación de *pūja*. Cuando vi una foto de Amma meditando entre los retratos de varias deidades, me quedé atónito.

—¿Dónde has conseguido esta foto? —le pregunté.

—Esta foto tiene una historia.

Vi que la expresión de la cara de *Śāntātām* cambiaba. Nos sentamos en la habitación de la *pūja* y siguió hablando.

Aunque había tenido un trabajo bastante bueno en una empresa privada, *Śāntārām* era conocido como cantante. Sus ingresos también procedían principalmente de sus trabajos como cantante. Aunque trabajaba, se tomaba días libres para esas actuaciones. El objetivo de su vida era ganar dinero; pero, ganase lo que ganase, nunca era suficiente. Siempre que ganaba algo de dinero, se reunía con sus amigos. En aquellos días malgastaba todo su dinero bebiendo con ellos. Dios no tardó mucho en imponerle una dura sentencia a este hombre a quien su ego había cegado. No era un castigo. Como *Śāntārām* comprendió más tarde, fue una gracia salvadora.

Al cabo de un tiempo, *Śāntārām* descubrió que no podía cantar. Una tos que no le dejaba se convirtió en un obstáculo para cantar. Cuando hablar también le resultó difícil, *Śāntārām* consultó a un médico. Visitó varios hospitales, pero nadie podía diagnosticarle el problema. Muchas de las medicinas que tomó sólo lograron que su salud empeorase. Un *sannyāsi* le dijo que su enfermedad había sido causada por malas acciones y que debía expiarlas yendo de peregrinación y haciendo donaciones a los pobres. Siguiendo este consejo, *Śāntārām* visitó muchos templos y lugares sagrados. También hizo buenas acciones, como alimentar a los pobres.

A su debido tiempo, llegó al templo de *Madurai Mìnākshi*, en *Tamil Nāḍu*. Entró en una tienda de flores para comprar una guirnalda y ofrecerla en el templo. En aquella tienda, situada justo delante del templo de *Mìnākshi*, vio a una chica que ensartaba rápidamente una guirnalda. Junto a ella había una foto de una mujer meditando. La foto estaba adornada con una guirnalda. *Śāntārām* le preguntó quién era esa mujer. La chica dijo que era la propia *Madurai Mìnākshi*. Incluso después de regresar al lugar donde se alojaba, siguió pensando en aquella fotografía. Cuando se acostó, *Śāntārām* no pudo conciliar el sueño. Durante mucho tiempo paseó por la habitación. Finalmente, se quedó dormido al amanecer. *Śāntārām* sintió que la mujer que había visto en la fotografía le estaba abrazando y acariciándole con amor en la garganta. Se levantó dando un respingo. Había un aroma peculiar en la habitación. Y, maravilla de maravillas, ¡la alteración de su voz y la tos que le habían afligido durante años habían desaparecido completamente!

Se sentó delante del altar y trató de cantar durante un largo rato. No había ningún problema en absoluto. Rápidamente corrió a la tienda de flores. Allí vio a la chica encendiendo una lámpara delante de la fotografía. Le preguntó cómo había conseguido la fotografía de esa mujer. La chica respondió que un hombre que había venido a comprar una guirnalda se la había dado. Todo lo que había dicho era que se trataba de una foto de "Amma". Él tampoco sabía quién era esta "Amma". *Śāntārām* quería esa fotografía. Sin embargo, la chica no estaba dispuesta a desprenderse de ella aunque él se lo pidiera; desde que había conseguido la foto su vida había sido bendecida de muchas maneras.

Dos semanas después, *Śāntārām* regresó a *Mumbai*. Cuando llegó a casa, su mujer le regaló un paquete. Una mujer se lo había confiado pidiéndole que se lo diera a *Śāntārām*. Desenvolvió el paquete. ¡Era la fotografía de la tienda de flores! ¡Estaba atónito! La había deseado tanto... Dios se la había enviado a su casa. *Śāntārām* la instaló inmediatamente en la habitación de la *pūja* y empezó a adorarla.

Escuché en silencio la historia de *Śāntārām*. Lo que más me asombraba era que era una foto de Amma que yo mismo había sacado. Este hecho sorprendió a todo el mundo. Les conté a todos la historia de lo difícil que había sido sacar esa foto.

Muchos devotos habían empezado a clamar por una foto de Amma meditando. Entonces yo era el fotógrafo del *āśram*. Sin embargo, a Amma no le gustaba nada que le hicieran fotos. Con todo, un día le pedí a Amma:

—Amma, tienes que dejarnos sacarte una foto.

Amma accedió. Le saqué muchas fotos. Sin embargo, cuando las revelaban no había nada. Me sentía terriblemente herido. Había oído que todos los que habían intentado sacarle una foto a Amma habían obtenido el mismo resultado.

En una ocasión, un fotógrafo profesional de Australia intentó muchas veces sacarle una foto a Amma. Cada vez que lo intentaba, el carrete se quedaba atascado en la cámara. El obturador de la cámara de otro fotógrafo dejó de funcionar. Pero mientras estas personas habían tratado de hacerle una foto a Amma sin pedirle permiso, yo sólo había hecho las fotos después de haber obtenido su permiso. Le hice saber a Amma lo disgustado que estaba. Finalmente, me dejó sacarle una foto mientras meditaba. La foto que yo había hecho mientras meditaba era la que *Śāntārām* vio en la tienda de flores (foto de la página 157). En *Madurai* abían imprimido una copia ampliada de aquella foto. *Śāntārām* había conseguido una copia de esa fotografía. Todo esto le sorprendió a *Śāntārām*, que había estado suspirando por saber más sobre Amma, como estaba divinamente predestinado.

* * *

Cada día que pasaba en *Mumbai* cambiaba mi visión de la vida. Los días que pasaban se convertían en una *sādhana*. El esfuerzo por el éxito, visible en la cara de los numerosísimos miles de personas de la metrópoli de *Mumbai*, me llamó la atención. Comprendí que sólo la insatisfacción anima el rostro del hombre moderno, que trabaja duro día y noche, añorando con todo su corazón lograr algo.

Lo que da belleza a la vida es el contento del corazón. Esta satisfacción también es lo más difícil de lograr. La dicha que surge de la autosatisfacción es la naturaleza misma de los seres humanos. Por eso los seres humanos tienen sed de dicha.

Realizamos todas nuestras acciones con la expectativa de que nos aporten felicidad y satisfacción. Sin embargo, ninguna ganancia material nos proporcionará una satisfacción duradera. Los que tienen y los que no tienen están igualmente insatisfechos. Los millonarios, descontentos; los afortunados, contrariados; los atractivos y guapos, malhumorados. Y más aún que ellos, esos titanes humanos que han logrado todo lo que deseaban en la vida y aún así viven con inquietud.

Un rey puede no lograr la satisfacción que hasta un mendigo consigue. Para que el rey estuviera satisfecho tendría que ascender al rango de emperador, de rey de reyes. Sin embargo, aunque le coronasen emperador, las razones del descontento regresarían a su vida. Sólo quienes conocen el Ser, o *mahātmas*, como Amma conocen el éxtasis de la autosatisfacción. Son como las mariposas. Las mariposas liban el néctar de las flores, pero no se guardan nada para consumirlo más tarde. Aletean de flor en flor sorbiendo el néctar, sin dañar las flores, desfigurar su belleza o desdibujar su fragancia. Un *mahātma* no se guarda nada para sí mismo. Como la mariposa, acepta sólo lo necesario para cubrir sus necesidades. La presencia de seres iluminados realza la belleza de este mundo. Suya es la belleza del conocimiento supremo y el desinterés total. Sólo por la renuncia se puede lograr esta belleza.

Una vez, un rey vio a un *yogi* absorto en meditación junto a una carretera. Sintió el deseo de alojar al *yogi* en su palacio. Expresó su deseo al *yogi*, que aceptó la invitación de inmediato. El rey estaba sorprendido; se había imaginado que habría tenido que esforzarse mucho para convencer al *yogi*. El hecho de que el *yogi* hubiera aceptado la invitación con gran felicidad hizo surgir ciertos recelos en la mente del rey. El *yogi* no podía ser un *mahātma*. Si lo fuera, ¿habría estado dispuesto a ir, atraído por los placeres de la vida en palacio? Modificó la impresión que había tenido sobre la divinidad del *yogi* y regresó con el *yogi* a su palacio, que estaba lleno de todo tipo de comodidades. Después de muchos días, el rey decidió expresarle sus dudas al *yogi*.

Fue ante el *yogi* y le dijo con toda humildad:

—Su Santidad, pensaba que eras un *mahātma*, pero, en cuanto te invité al palacio, estuviste dispuesto a venir. Esto me ha provocado algunas dudas. Estas dudas han empezado a volverse más intensas. ¿Eres realmente un *yogi*? Ahora vives en este palacio, disfrutando de todas las comodidades. Yo también vivo así. ¿Qué diferencia hay entre nosotros dos?

El *yogi* contestó:

—Para conocer la respuesta tenemos que salir del palacio. Ven conmigo.

Con estas palabras, el *yogi* se puso a caminar. El rey le siguió. Después de haber caminado una cierta distancia, el *yogi* le dijo al rey:

—¡Oh rey! Yo nunca doy un paso atrás. Por tanto, no voy a regresar al palacio. Si lo deseas, puedes venir conmigo.

Al oír esto, el rey se quedó conmocionado:

—¿Cómo voy a irme? No puedo olvidar mis responsabilidades sólo por irme contigo.

Riéndose, el *yogi* dijo:

—Sí, ya lo sé. No puedes venir. Ésa es la diferencia entre los dos. Para mí, no hay diferencia entre pasar mis días en un palacio y caminar por esta sucia acequia. Siempre soy libre. Nada me ata.

Con esas palabras, el *yogi* se puso en marcha. El rey se dio cuenta de lo tonto que había sido. Aunque trató de convencer al *yogi* de que regresara, el *yogi* siguió caminando hacia adelante, sin siquiera volverse a mirar.

Dios nos ha dado un cuerpo. Citando a Amma: "Este cuerpo es el regalo de Dios para nosotros. Está lleno de misterios y maravillas. En realidad, no somos conscientes del funcionamiento interior del cuerpo. Los maravillosos procesos que supone la transformación en sangre de la comida que comemos se están produciendo dentro de nosotros. La máquina que es este cuerpo tiene propiedades autocurativas. Para el científico las sustancias químicas que se encuentran dentro del cuerpo valen unas cuantas míseras rupias. Sin embargo, un científico no es capaz de recrear un ser humano combinando esas sustancias químicas. Este cuerpo está formado por cinco elementos: *ākāś* (éter), *vāyu* (aire), *agni* (fuego), *jalam* (agua) y *pṛthvi* (tierra). Todo lo que se encuentra en el mundo exterior también se encuentra dentro de nosotros. Se podría decir que cada uno de nosotros es un microcosmos del universo. Por esta razón, los *ṛshis* podían obtener conocimiento del mundo material mediante la introspección. Con todo el incalculable valor que tiene este cuerpo, más tarde se convierte en la causa de un dolor y un sufrimiento indecibles que nos asaltan cuando vivimos sin saber utilizar el cuerpo, la mente y el intelecto. Este cuerpo es el medio para el conocimiento de Dios".

En nuestra vida tenemos que practicar ciertas disciplinas. Debemos esforzarnos por purificar el cuerpo. También estamos obligados a mantener su salud. Es un instrumento para hacer buenas acciones. El cuerpo enferma cuando lo tratamos mal. Es necesario seguir un régimen personal para purificar la mente. Hay que controlar especialmente la lengua. Nuestras palabras deben ser agradables. Debemos dar a la lengua ocasiones para cantar las glorias del Señor. Nunca debemos decir nada inútilmente. Cada palabra que sale de nuestra boca debe consolar a los demás. Necesitamos la ayuda del cuerpo para transcender el nivel de experiencia hasta llegar al reino de la comprensión.

Una vez, un científico realizó un experimento. Dividió una campana de cristal con una mampara de vidrio. A un lado puso un gran pez y, en el otro, puso un pez pequeño del que normalmente se alimentaba aquél. El pez grande trató en muchas ocasiones de atrapar al pez pequeño. En cada ocasión se golpeaba con fuerza contra la mampara de cristal. Esto debía de dolerle mucho, porque después dejó de intentar atrapar al pez pequeño.

Incluso cuando se retiró el tabique de vidrio, el pez nunca intentó moverse hacia donde se encontraba el pez pequeño. Suponía que allí todavía había una mampara transparente. Había aprendido unas cuantas lecciones por experiencia. Y no le resultaba fácil desaprender esas lecciones.

La situación de los seres humanos es parecida. En realidad, las experiencias que los seres humanos han adquirido en el mundo son tan falsas como la experiencia del hombre que ve una serpiente en una cuerda. Los que viven dando una importancia que no tienen a las experiencias del mundo nunca podrán rasgar el velo transparente para contemplar su verdadera naturaleza. No son lo suficientemente valientes. La espiritualidad sólo es para los valientes. Sólo los intrépidos pueden cruzar hasta el otro reino. Lo que hay que sacrificar es la vida dirigida por el ego.

El hombre en la edad de las máquinas

24

"Hijo, ésta es la edad de las máquinas". Las palabras de Amma me vinieron a la cabeza.

El hombre se ha convertido en una máquina. Las máquinas trabajan mejor que los seres humanos y, en el ámbito de la medicina moderna, los robots pueden incluso realizar operaciones quirúrgicas. Sin embargo, las máquinas no pueden amar. No pueden entender el dolor de los demás.

En la apresurada vida de *Mumbai*, las personas trabajan como máquinas. Los seres humanos se han mecanizado. Cada uno piensa sólo en sus propios asuntos. En una ocasión vi a muchas personas pasar al lado un hombre que se había desplomado en la acera por el cansancio, fingiendo no verlo. Algunos lo miraban antes de dejarlo atrás. ¡Se piensa que las vidas humanas no valen nada! Esto nunca sucedería en una aldea. Si alguien se cae al borde del camino, uno u otro se apresurará a ayudarle. Me acerqué al hombre. Apenas respiraba. Me pidió agua con gestos y le vertí un poco en la boca.

Cuando vi a ese hombre, recordé las palabras de Amma: "Hay que sentir compasión por el prójimo. La compasión por los pobres y los que sufren es nuestro deber hacia Dios. No perdáis nunca una ocasión de realizar buenas acciones. Consolar a los que sienten dolor no es otra cosa que adorar al Señor".

Cuando el hombre hubo acabado de beber agua, se puso a hablar. Cuando me enteré de que llevaba días sin comer, le compré algo de comida en un restaurante cercano y se la di. Cuando dejé al anciano, no pude evitar notar el brillo de sus ojos. Sentí la compasión amorosa de Amma fluyendo de esos ojos. "La satisfacción no reside en recibir, sino en dar": las palabras de Amma resonaron en mis oídos.

Comprendí que todo lo que había considerado carente de sentido estaba lleno de miles de significados. La vida tiene que tener significado. Esto no es posible para los que viven de manera egoísta. Si comprendemos que Amma lo llena todo, ¿qué otra cosa podemos hacer más que amarlo y venerarlo todo? Me he dado cuenta de que cuando imaginamos que los demás son Amma, hasta los que son egoístas cambian de actitud.

Incluso después de regresar del trabajo a casa, no podía olvidar la imagen del anciano tumbado junto a la carretera. Recordé su constitución demacrada. La escena de él con sus ojos hundidos pidiendo agua no dejaba de volverme a la cabeza. ¡Cuántos hay en este mundo que siguen adelante por la vida soportando estas dificultades! ¡Cuántos sufren sin tener medios para comer ni una vez al día! Pensando en todo esto se me quitaron las ganas de comer nada aquella noche. Decidí observar un voto de ayuno durante unos cuantos días.

Todas las personas tienen sus propios problemas, cantidad de problemas. Entonces, ¿cuándo es el momento de prestar atención a las aflicciones de los demás? Cuando me senté en silencio aquella noche, sumergido en la meditación, experimenté que Amma se me acercaba y me acariciaba. "Donde hay amor, no hay distancia". Las palabras de Amma se volvieron literalmente reales y escuchando su nana me desvanecí. El dolor de la separación se convirtió en una experiencia divina.

Iba a iniciar el ayuno al día siguiente. Sin embargo, ya el primer día tuve que interrumpirlo. Sería más correcto decir que Amma me hizo interrumpir el ayuno. Actuó por medio de un tal *Bālakṛshṇan* que trabajaba en mi oficina. *Bālakṛshṇan* era de *Pālakkāḍ*, pero llevaba muchos años en *Mumbai*. Aunque tenía unos setenta años, trabajaba con más entusiasmo que los jóvenes. Sus chistes aliviaban el tedio del trabajo de oficina. Yo solía contarle historias sobre Amma, pero a *Bālakṛshṇan*, que procedía de la comunidad *brāhmin tamil*, no le interesaba mucho oír hablar de Amma, que era de la casta de los pescadores. Sin embargo, yo atravesaba una etapa en la que no podía dejar de hablar de Amma. Si tenía algo que decir, sólo podía ser sobre Amma. Narraba historias sobre Amma sin fijarme si a *Bālakṛshṇan* le gustaban o no. Aunque escuchaba atentamente estas historias, no tenía fe en ellas.

Aquel día, *Bālakṛshṇan* vino con dos paquetes de arroz. Vino directamente hacia mí y preguntó:

—¿Has decidido no comer nada?

Su pregunta me sorprendió. ¡No le había hablado a nadie de mi voto de ayuno! ¿Cómo lo sabía?

—¿Estás ayunando?

Al oír de nuevo la pregunta, salí de mi ensueño.

—Sí —le contesté, y percibí el asombro en su cara.

Bālakṛshan me contó entonces un sueño que había tenido la noche anterior. ¡Había visto a Amma de *Vaḷḷickāvu* en su sueño! Ver a *mahātmas* incluso en sueños es una gran bendición. Y éste no era un simple sueño, era un *svapna darśan*, una visita divina en un sueño. En ese sueño Amma no sólo le había informado a *Bālakṛshṇan* de mi intención de ayunar sino que le había ordenado que insistiera para que comiera. Verdaderamente, Amma es la que lo consigue todo

Como la comida que *Bālakṛshṇan* había traído era por expreso deseo de Amma, no pude abstenerme de comer. De esa forma, Amma se instaló para siempre en el corazón de *Bālakṛshṇan.* Empezó a desear seriamente conocer a Amma. Antes yo le había enseñado la foto que tenía de Amma. Así fue cómo *Bālakṛshṇan* supo que la forma que había visto en el sueño era realmente la de Amma. Después de eso tuvo más interés en escuchar historias sobre Ella.

Hasta más tarde no supe que había algo más en la vida de *Bālakṛshṇan*, que siempre estaba contando chistes. Había otro aspecto, un aspecto doloroso. Había perdido tanto la fortuna como la salud y tenía que cargar con el peso de la familia, incluso a tan avanzada edad. La entrada de Amma en su corazón supuso una enorme bendición. *Bālakṛshṇan*, a quien había considerado un incrédulo, adquirió una gran *bhakti* por Amma. Le entregó a Amma todos sus problemas. Después de aquello, volvió a reunirse con sus hijos, que le habían abandonado tras una pelea. Le vi alegrarse en el regocijo causado por volver a encontrarse con los miembros de su familia de los que había estado separado.

¿Por qué tienen que sufrir tanto los seres humanos? ¿Cuándo terminarán todos estos sufrimientos? Si recibimos la bendición de tener el *darśan* de *mahātmas* durante este triste viaje de la vida, todos nuestros problemas cesarán. La *Guru* está esperando para cargar con el peso de nuestros pecados. Dios está intentando, bajo la forma de la *Guru*, elevarnos del abismo de los dolores de la vida.

El dolor es irreal. Sufrimos porque deseamos. Nadie quiere sufrir. Todos queremos estar libres del sufrimiento. Y, sin embargo, seguimos deseando, y así nuestros dolores aumentan. Si logramos entender las peculiaridades de la mente, podemos eliminar el sufrimiento. La mente está constantemente anhelando. Se halla en un descontento sin fin. Nada la satisface. Aunque consiga lo que quiere, sigue insatisfecha. Aunque el deseo de un objeto disminuya cuando se lo ha obtenido, un nuevo deseo surge en su lugar. Los *mahātmas* le dicen al mundo: "Las personas sufren porque desean. Los deseos son las semillas de sufrimiento. Cuando desaparecen, se puede experimentar la dicha".

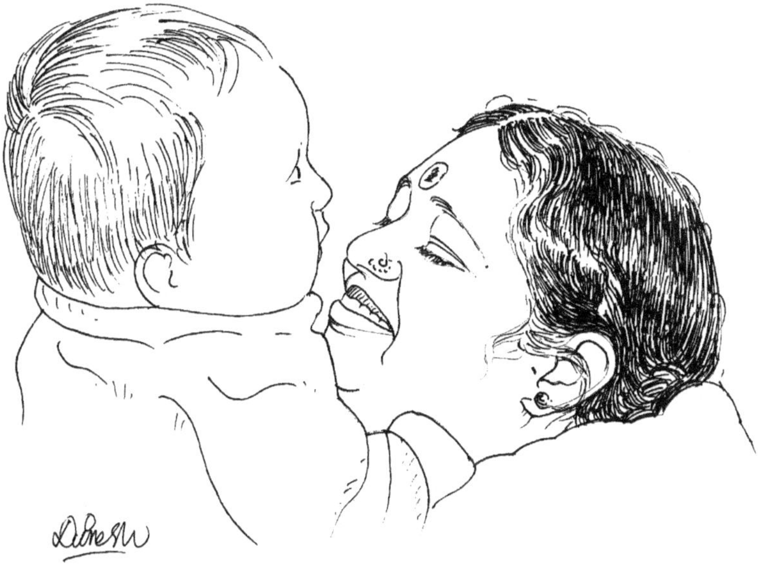

De nuevo junto a la Madre

25

Aunque estén rodeadas de prosperidad material, las personas actuales van de aquí para allá, sin saber qué es la satisfacción. Las cualidades puras están desapareciendo rápidamente de los seres humanos. En el viaje de la vida hacia la satisfacción, las personas están condenadas a morir como animales, incapaces de saborear la paz ni una sola vez. ¿Qué hacen los seres humanos que no hacen ni los pájaros ni las bestias? Los nidos que los pájaros construyen son más bonitos que las espléndidas mansiones que levantan los seres humanos. Las abejas construyen sus colmenas basándose en precisos cálculos matemáticos a velocidades que sorprenderían incluso a expertos ingenieros. La naturaleza ya había puesto en circulación su propio avión mucho antes de que los seres humanos creasen los aeroplanos. Nosotros diseñamos los aviones a partir del modelo de las aves y las mariposas.

Los *ṛshis* ya lo habían descubierto todo en el Ser interior y habían experimentado el universo entero dentro de sí mismos. Aunque eran omniscientes, vivían como si lo ignorasen todo. Mientras vivamos en el reino de la dualidad, la vida puede parecer llena de dolor. Lo que los *mahātmas* como Amma nos dan es un entrenamiento que nos permita ver la Unidad incluso en este mundo de polaridades.

En medio de la apresurada vida de *Mumbai* conocí a otro hijo de Amma que ya había recibido su *darśan* muchas veces. *Dāmu*, que trabajaba en el Centro de Investigación *Bhābha*, iba a *Sāndīpani Sādhanālaya* de vez en cuando. Era un joven científico y asistía con regularidad a clases de *Bhagavad Gīta* y a otros *satsangs*. Durante mi estancia en *Mumbai*, la presencia de *Dāmu* constituyó un gran consuelo. Pude abrirle mi corazón en muchas ocasiones para hablar de Amma. *Dāmu* nunca se preocupaba por vestirse bien o tener una buena apariencia, comía una sola vez al día y llevaba una vida de completa renuncia. En las noches de luna, solíamos pasear por callejuelas desiertas hablando sobre Amma. A menudo, no nos dábamos cuenta de cuánto habíamos caminado. Había días en los que caminábamos hasta el amanecer. Entonces teníamos que tomar un tren para regresar al lugar del que habíamos partido.

Habían pasado siete meses desde mi llegada a *Mumbai.* Cuanto más comprendía la grandeza de Amma, más difícil se me hacía estar lejos de Ella. Decidí dejar mi trabajo y regresar a *Vaḷḷickāvu.* Le escribí a Amma muchas veces. Finalmente, me dio permiso para regresar. Y así me despedí de mi vida en *Mumbai* y volví a casa. *Dāmu* tuvo que seguir trabajando en *Mumbai* mucho más tiempo. Finalmente, también se hizo residente del *āśram. Dāmu* se convirtió más tarde en *Swāmi Prajnānāmṛtānanda Puri.*

Durante los meses que había estado fuera, se habían producido muchos cambios en el *āśram.* Amma había aceptado el nombre "*Mātā Amṛtānandamayi Devi*" ["Madre Divina de la Dicha Inmortal"], que sus hijos le habían puesto. Una fundación llamada "*Mātā Amṛtānandamayi Mission*", que incluía a devotos seglares de Amma, había sido registrada. Esta fundación se convirtió más tarde en el *Mātā Amṛtānandamayi Maṭh.* Por deseo de Amma, fui nombrado secretario general del *Maṭh.* Se habían construido unas pocas cabañas nuevas cerca de la cabaña donde se alojaba Amma. Los primeros residentes del *āśram* no tenían ni una sola cabaña donde quedarse. La propia Amma nos enseñó a trenzar las hojas de los cocoteros para construir una cabaña y a hacer un techo de paja. Más tarde comprendí que era parte del entrenamiento para prepararnos a hacerlo todo sin depender de otros. Cuando los devotos venían al *āśram* teníamos que dejar libres las cabañas para ellos. Devotos de distintos lugares venían al *āśram* los días de *bhāva darśan.* Después de servirles comida, ya no quedaba nada. La propia Amma iba a las casas vecinas y traía algo de comida para nosotros. En el refrescante frescor del amor de Amma, la vida en el *āśram* resultaba encantadora.

Los miembros de mi familia no se opusieron a que dejara el trabajo de *Mumbai*, ni a que regresara. Amma me enviaba a mi *pūrvāśram* una vez al mes. Un día que estaba allí, mi padre se percató de que el *muṇḍu*[24] que yo llevaba tenía muchos remiendos. Me dijo que no debía llevar un *muṇḍu* roto y me dio uno nuevo. Regresé al *āśram* llevando el nuevo. Mientras hablaba con Amma en su habitación, no me di cuenta de que el dobladillo de mi *muṇḍu* estaba rozando unas varillas de incienso encendidas que había en el suelo. Cuando Amma vio mi *muṇḍu* ardiendo, apagó las llamas con sus propias manos. Al ver mi nuevo *muṇḍu*, preguntó:

—Hijo, ¿de dónde has sacado este *muṇḍu* nuevo?

Le expliqué lo que había sucedido cuando había ido a casa.

—Hijo, ¿no tienes otro *muṇḍu*?

Al oír la pregunta de Amma, negué con la cabeza. Amma se quedó en silencio durante algún tiempo.

—¿No se supone que todo lo que mis hijos que han renunciado a todo necesitan llega aquí? Mis hijos no necesitan ir nunca a buscar nada. Dios proveerá todo lo que necesitéis. Hijo, busca bien en tu habitación.

Cuando oí las palabras de Amma, recordé algo. Durante muchos días había visto un paquete de papel en mi habitación. Pensaba que algún devoto lo había dejado allí y se había olvidado de recogerlo. Le hablé a Amma del paquete. Me dijo que lo trajese rápidamente. Regresé con el paquete y se lo di. Ella lo abrió. ¡Había dos *muṇḍus* nuevos! Amma me miró a la cara. Dijo:

—¿No te dijo Amma que Dios proporcionaría todo lo necesario?

---

[24] Una tela que los hombres se atan alrededor de la cintura, utilizada para cubrirse la parte inferior del cuerpo.

Las afirmaciones de los *mahātmas* se hacen realidad. Cada palabra de Amma se convierte en una verdad que puede experimentarse. Todo lo que necesitamos mañana llega hoy mismo. Eso fue lo que me enseñaron las lecciones que siguieron. Nunca he tenido que salir a buscar nada. Cuando Le hemos entregado la vida a Dios, no debemos dudar nunca. La idea de que estamos a salvo en sus manos nos infundirá vigor y entusiasmo.

Amma es verdaderamente una corriente de sabiduría divina. Por mucho que podamos aprender de Ella, sigue siendo un enorme océano de conocimiento. Puede que no hayamos comprendido a Amma cuando la hemos visto, cuando nos hemos acercado a Ella o cuando hemos permanecido con Ella. Como Dios es incomprensible para nuestro intelecto, es probable que las conclusiones que saque nuestra mente sean estúpidas. *Arjuna* vivió con *Śri Kṛshṇa* durante muchos años. Trató al Señor como a un amigo. El Señor *Kṛshṇa* también aceptó todas las travesuras de *Arjuna*. El Señor no estaba dispuesto a impartirle la sabiduría divina a *Arjuna* en aquella época. Sin embargo, cuando *Arjuna* estuvo preparado para entregar totalmente su ego durante la batalla de *Kurukshetra*, el Señor abrió su cofre del tesoro de la sabiduría. Cuando nos damos cuenta de nuestra propia impotencia, surge la actitud de entrega. La *Guru* hace que nuestro ego se desgaste.

El paciente puede pensar que el médico que limpia la herida no tiene misericordia. Sin embargo, el médico no tiene otra opción si tiene que eliminar una infección que puede extenderse por todo el cuerpo. Cuando el caparazón del ego se abre, el discípulo puede sentir algún dolor. El mismo discípulo que hasta entonces había estado cantando las alabanzas de la *Guru* puede llegar a insultarla. Puede incluso dejar a la *Guru* y volver a revolcarse en el mundo de *tamas* (inercia). Como el alma del difunto que no ha obtenido mérito suficiente, cae de nuevo bajo una lluvia de maldiciones de la naturaleza y se quema en el fuego del infierno.

Dios desciende para vivir entre nosotros en la forma de la *Guru* sólo por compasión. Amma se ha encarnado como la personificación del sacrificio, dispuesta a sufrir y a cargar con todo el peso de los pecados del mundo. Martirizando su propio cuerpo y consumiéndose, está extendiendo la fragancia del amor. Para los que han aspirado esa fragancia Dios no es una mera idea sino una experiencia directa.

Los bhāvas divinos en nuestro interior

26

Durante el *Satya Yuga* (la Edad de la Verdad) no hacían falta templos. Las personas tenían una fe absoluta en los *Gurus*, que estaban iluminados. En aquella época el corazón de las personas era tan inmaculado como el santuario del templo. Por eso podían contemplar y sentir al Señor resplandeciente en su interior continuamente.

Los que vivían con la convicción de que la fuerza divina trabajaba dentro de ellos no caían bajo el hechizo del ego, sino que lograba la unidad con el *Paramātma*.

Siempre que las encarnaciones divinas representaban sus *līlās* entre los seres humanos había muchos incrédulos. Pocos tenían una fe absoluta. Por muchas glorias que podamos presenciar, si nuestra mente no es pura puede levantar murallas de duda. Por mucho que alguien nos quiera, si escuchamos con frecuencia a otro que critica a esa persona nuestra mente empieza a dudar. ¿Cómo pueden los que tienen esa naturaleza inconstante conocer nunca a Dios?

Nuestros *ṛshis* lo habían previsto. Se dieron cuenta de que, en el futuro, a la gente no le sería tan fácil percibir la divinidad interior o entregarse completamente a los *mahātmas*. Así que infundieron su conciencia divina a las imágenes. Los templos que los *mahātmas* consagraron de este modo se convirtieron, con el tiempo, en lugares sagrados de culto.

Se dice que las 330 millones de deidades habitan dentro de todos nosotros. Cada uno de nosotros es heredero de infinitos *bhāvas* divinos. Este nacimiento humano se nos ha dado para que podamos alimentar las virtudes divinas que tenemos en nuestro interior y lograr la Plenitud. En los *mahātmas* podemos contemplar claramente todos los atributos de Dios. Los seres benditos que adoran a los *mahātmas* y buscan refugio en ellos para encontrar satisfacción en sus vidas pueden, en relativamente pocos años humanos, liberarse de los grilletes del *karma* y del ciclo del nacimiento y la muerte. Habiendo logrado la experiencia de la dicha, alcanzan la inmortalidad.

Recuerdo algo que sucedió en el *āśram* hace muchos años. Se estaba celebrando una fiesta en un templo cercano al *āśram*. Como parte de los ritos, la imagen del templo se sacaba antes del comienzo de la fiesta y se llevaba en procesión hasta las casas de la aldea. Los aldeanos creían que Dios estaba visitando sus hogares. El sacerdote llevaba en la cabeza la estatua en la que se había invocado a la divinidad y visitaba todas las casas. Los aldeanos daban la bienvenida a la divinidad con la debida devoción y veneración, metiéndola en la casa con un recipiente lleno de arroz, una lámpara de aceite encendida y otras ofrendas propicias. Un grupo de tamborileros ceremoniales acompañó a la imagen hasta la casa que estaba al lado del *āśram*. No entraron en el *āśram*. Se estaba celebrando el *Devi bhāva*. Los devotos sentados junto a Amma le preguntaron:

—Amma, éste es el único lugar que no han visitado. ¿No puedes hacerles venir aquí?

Amma simplemente sonrió. Al cabo de un rato, los devotos se percataron de que el sonido de los tambores era cada vez más fuerte. Parecía que los sonidos se estuvieran acercando. Al poco tiempo, los devotos presenciaron un espectáculo asombroso. El hombre que llevaba la imagen empezó a bailar como si estuviera en trance y entró corriendo en el *āśram*. Los tamborileros le seguían y los aldeanos corrían tras ellos. Después de depositar la estatua en el suelo, el sacerdote volvió en sí. Inmediatamente, recogió la imagen, se la puso en la cabeza y empezó a alejarse. Todo el mundo se dio cuenta de que Amma cerró los ojos durante un rato.

Poco después, el sacerdote volvió a ponerse a bailar desenfrenadamente y entró corriendo en el *āśram*, posando allí la imagen.

Cuando volvió en sí, agarró la imagen y se fue, como había hecho la última vez. Amma volvió a cerrar los ojos. El hombre regresó de nuevo, bailando en trance. Este fenómeno se repitió en ocho ocasiones. Finalmente, el hombre quedó completamente agotado. Colocó la imagen frente al *kaḷari* y se presentó ante Amma, que estaba dando el *Devi bhāva darśan*. Extendió la mano para recibir un poco de *tīrtham* (agua consagrada). Amma le dio un poco de *tīrtham* y, con gran cariño, lo abrazó. Después de postrarse arrepentido ante Amma, recogió la imagen y se marchó.

Los devotos contemplaban aquello totalmente asombrados. Algunos no podían entender lo que acababa de suceder. ¿Por qué cada vez que Amma cerraba los ojos el sacerdote se ponía a bailar como si estuviera en trance? Oyendo su pregunta, Amma volvió a sonreír. Todo está dentro de Amma. Los diferentes aspectos de la divinidad están en nuestro interior, pero no están bajo nuestro control. Sin embargo, todas las deidades obedecen a los conocedores de la Verdad, que pueden manifestar o dominar cualquier *bhāva* divino. A quienes saben que los 330 millones de *bhāvas* divinos están en su interior, no les resulta difícil despertar o contener estos *bhāvas*. Los devotos pueden ver que durante el *Devi bhāva* Amma manifiesta los *bhāvas* divinos de *Jagadambika*, la Madre Divina del Universo.

Lo que tenemos que hacer es deshacernos de las tendencias demoníacas que hay en nuestro interior. Para ello, tenemos que despertar las cualidades positivas. Cuando las cualidades divinas crecen, la divinidad que hay en nuestro interior se manifiesta más. Cuando las tendencias demoniacas desaparecen, logramos la pureza suficiente para contemplar todo el panteón de deidades que hay en nuestro interior. Adoramos a Dios para lograr esta pureza.

Se dice que la mente es como una llave. Si la giramos hacia un lado, la cerramos. Si la giramos hacia el otro, la abrimos. De forma similar, la mente puede ser la causa de que *samsāra* nos atrape; y, a la inversa, podemos utilizarla para liberarnos de toda atadura. Hay que llenar la mente de pensamientos nobles. Para ello, Amma nos recuerda que vivamos en el recuerdo de Dios; pero la mayor parte de las personas utiliza incorrectamente el poder de la imaginación.

Dios es como el sol, que emite luz todo el tiempo. Da luz y fuerza a todos por igual. Los que se encierran en la oscuridad no reciben la luz del sol. Del mismo modo, Dios está siempre colmándonos de bendiciones. Los velos del ego impiden que la gracia divina nos alcance. Para retirar estos velos es necesario una *Guru.* Eso es lo que podemos aprender de la vida de Amma. No hay cabeza que no se haya inclinado ante su amor. No hay corazón que no se haya fundido ante su sacrificio de sí. A la luz de la sabiduría de Amma se desvanece la oscuridad creada por el ego. Las acciones realizadas sin orgullo se convierten en adoración del Señor.

Había una vez un ladrón que entraba todas las noches en un bosque de cocoteros que había junto a una casa para robar cocos. Después de robar, arrojaba un coco al fuego sacrificial y se lo ofrecía con oraciones al Señor *Gaṇapati* como un acto de expiación. Después recibía el coco cocinado como *prasād* del Señor, se lo comía y se marchaba. Hacía esto a menudo. Al cabo de un tiempo, el ladrón se puso enfermo y ya no pudo subirse a los cocoteros. Sin embargo, todas las noches iba adonde solía ofrecer el coco al Señor *Gaṇapati.* Intentaba consolarse pensando que la enfermedad era un castigo por haber robado. Le rezaba al Señor todos los días para que le perdonase por todos sus pecados. Su verdadera pena estribaba en que ya no podía ofrecerle nada al Señor. Una medianoche, el Señor *Gaṇapati* se le apareció al ladrón, que estaba languideciendo en el bosque de cocoteros. En pocos momentos, quedó libre de su enfermedad. Como prueba de la aparición del Señor, en aquel lugar se manifestó una estatua del Señor *Gaṇesh.* Los devotos construyeron allí un templo. Allí se ofrecerían después decenas de miles de cocos. Innumerables personas hallaron consuelo en ese lugar. El templo se convirtió en un centro por medio del cual miles de personas podían satisfacer sus deseos. La fuerza divina trabaja de tal forma que satisface el deseo inocente hasta de un ladrón.

Dios está dispuesto a concedernos cualquier cosa cuando nos entregamos a Él. No espera a venir corriendo a nosotros hasta después de reflexionar sobre nuestra historia. Cuando los ojos se humedecen por el recuerdo de Dios, una lluvia de bendiciones se derrama por sí sola.

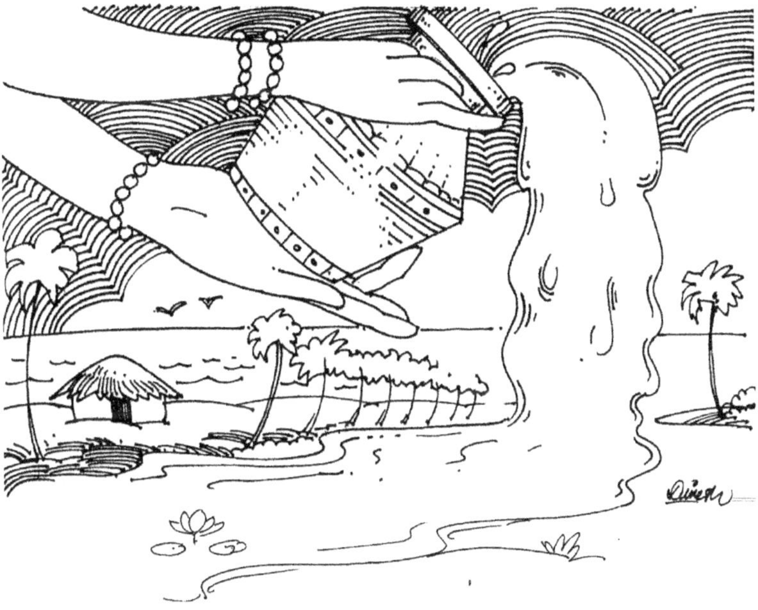

Annapūrṇeshwari

27

Es propio de la naturaleza humana el buscar el conocimiento. La vida, después de todo, es un viaje hacia la Plenitud, y la sensación de que se está incompleto es la causa del sufrimiento en la vida mundana. Como la omnisciencia es la verdadera naturaleza de los seres humanos, en todos nosotros hay un anhelo de conocerlo todo. Nos interesan no sólo nuestros propios asuntos, sino también los de los demás, y también el mundo. Nos esforzamos por conocer todas estas cosas, pero ningún esfuerzo intelectual puede saciar nunca nuestra sed de conocimiento. Es como el hambre del Señor *Gaṇesha*: incluso después de haberse comido todo el universo seguía teniendo hambre. Sin embargo, su hambre se sació tras recibir un solo puñado de arroz hinchado de *Parameśvara*. Sólo una *Satguru* puede saciar la sed de sabiduría. A un discípulo que había pasado toda la vida buscando la Verdad, el *Guru* le susurró al oído: *"Tat tvam asi"*. Oh hijo, ¡tú eres esa misma Verdad!

Las palabras de la *Guru* llevan al discípulo que ha devorado eruditos volúmenes a los reinos inefables de experiencia. Esto, a su vez, provoca el nacimiento de la sabiduría.

La Verdad proporciona el verdadero conocimiento. La Verdad crea belleza en nosotros. La verdad es *Śiva*. "*Śiva*" significa "el Imperecedero". Todo lo que es imperecedero es espléndido. En el brillo de la radiante conciencia del alma, todo se vuelve resplandeciente. Las personas suelen recurrir a los objetos pasajeros en busca de la felicidad. Mirando hacia atrás comprendemos que todos los objetos fugaces son fuentes de dolor. Los que se esfuerzan en su vida por apropiarse de objetos pasajeros lo lamentan más tarde. Por tanto, abraza lo Imperecedero. Consigue la belleza del alma. Utiliza el cuerpo y la mente para este fin. La muerte te arrebatará todas las ganancias. En consecuencia, esfuérzate por conseguir la inmortalidad. Transciende el tiempo. Busca refugio en el Señor *Yama*, el Vencedor del Tiempo. Ríndete ante la gloriosa *Guru* que tiene el poder de quemar tu sentido de la individualidad en el fuego de la sabiduría. Éste es el mensaje de los *mahātmas*.

Recuerdo algo que sucedió hace años durante las celebraciones del cumpleaños de Amma. Para inaugurar las celebraciones del cumpleaños se había encendido una lámpara en la veranda del *kaḷari*, donde Amma daba los *bhāva darśans*. Después de la *pada pūja* a Amma, comenzaron los *bhajans*. Mientras los devotos permanecían sentados, absortos en los *bhajans*, un hombre se puso a caminar rápidamente entre la masa de devotos hacia Amma. Como Amma tenía los ojos cerrados, no pareció darse cuenta. También parecía que los devotos no le habían visto. Todos los ojos estaban fijos en Amma. En cuanto terminaron los *bhajans*, el hombre le susurró algo a Amma al oído. Estaba claro por la expresión de su cara que el asunto era de cierta gravedad. Amma acarició al hombre y lo consoló. Nadie sabía cuál era el asunto. Cuando acabaron los *bhajans* Amma distribuyó *prasād* a todos los devotos y después caminó hacia la cocina. Algunos de nosotros seguimos a Amma. Cuando llegamos a la cocina nos dimos cuenta de lo que había sucedido. ¡El cocinero había desaparecido! Aunque aquel día habían venido tres mil devotos al *āśram*, se había preparado un banquete tradicional sólo para quinientas personas. ¡Nadie esperaba que acudieran tantos devotos!

La comida se había preparado a partir del número de personas que había en el *āśram* esa mañana. Tampoco se habían dispuesto provisiones para más personas. Probablemente el cocinero, al no ver ninguna salida de aquel aprieto, había huido del escenario. Amma consoló a las personas que estaban desesperadas en la cocina y se encargó de la tarea de servir la comida.

Los devotos se sentaron en filas en la cabaña de paja construida cerca de la estructura donde se daban las clases de *Vedanta*.

Personas que vivían en las zonas costeras cercanas habían llegado con recipientes para llevar comida a sus hogares. Así es como funciona en las aldeas: si se celebra una fiesta en algún lugar, se envía comida a las casas de quienes no pudieron acudir. Amma empezó a servir. Cuando vieron cómo servía, los que estaban en la cocina se angustiaron. Habíamos pensado que Amma serviría menos para que todo el mundo pudiese tener comida; sin embargo, Ella frustró nuestras expectativas y sirvió cazos enteros. ¿Cómo íbamos a decirle que sirviera menos? Aunque lo hubiésemos hecho no nos habría obedecido. Nunca se ha distinguido por su obediencia, ni siquiera en el pasado. Los *trikāla jñānis* (los iluminados que lo saben todo del pasado, el presente y el futuro) no necesitan el consejo de nadie. Aún así, algunos de nosotros hemos tratado de aconsejarla ocasionalmente.

Yo le he dicho muchas veces a Amma: "¡Dios también tiene que ser obediente de vez en cuando!". Tenía razones para decirlo. Si le decía que descansara, no descansaba. Si le decía que comiera, no comía. Cuando era la hora de dormir, no dormía. Viéndola sacrificar su cuerpo de esa forma continuamente, a menudo deseaba que Amma fuera tan obediente como los dioses del templo. En un templo se puede ofrecer comida consagrada a la deidad. Se la puede poner a dormir. Por la noche, el sacerdote puede cerrar el templo y regresar a casa. Aquí no se puede hacer eso. ¡La razón es que aquí el Dios ni siquiera entra en casa! Se sienta en el suelo enfrente del *kaḷari* y medita. Da *darśan* en ese mismo lugar. Se había construido una pequeña cabaña para Amma. También se había terminado un edificio de dos plantas con la idea de utilizar la habitación de abajo como sala de meditación y la de arriba como la habitación de Amma. Pero si Amma prefería tumbarse en el suelo, ¿qué podíamos hacer? De ese modo también tuvimos la buena suerte de descubrir lo agradable que es dormir fuera sobre el suelo desnudo.

Durante mi infancia anhelaba mojarme con la lluvia, pero mis padres no me dejaban. Decían que tendría fiebre. Supongo que tenían razón. Los que no están acostumbrados a mojarse con la lluvia caen enfermos. Los que viven en el bosque al aire libre, expuestos tanto a la luz de sol como a la lluvia, nunca tienen fiebre. He visto a Amma bailando en éxtasis en pleno chaparrón. El placer de empaparse con la lluvia sólo puede conocerse por experiencia, ¿verdad? Desde entonces nunca me ha apetecido quedarme dentro durante ninguna tormenta. Solía esperar cada ocasión para salir bajo la fuerte lluvia y recibir el *abhishekam* (baño ceremonial) de la naturaleza. Amma nos ha enseñado a saborear el calor extremo, las fuertes lluvias y el intenso frío.

Viendo la forma en la que Amma estaba sirviendo la comida, algunos de los alarmados devotos seglares sugirieron:

—Queridísima Amma, ¿por qué no sirves un poco menos?

Amma hizo caso omiso de lo que decían. Uno de los abuelos de la aldea murmuró:

—¡De nada sirve decirle nada! Siempre ha tenido la costumbre de dar con generosidad.

Amma siguió sirviendo. Los recipientes de comida se estaban vaciando. Amma servía rápidamente.

—Si la Pequeña sirve, no le faltará a nadie —dijo resueltamente *Damayanti-amma* (la madre de Amma): así de firme era su fe. ¡Cuántas maravillosas *līlās* ha visto *Damayanti-amma*, que ha tenido la singular fortuna de ser la madre de Amma! Al oír estas palabras, los que habían estado viendo servir a Amma con la respiración suspendida, se sintieron aliviados y tranquilizados. Amma acabó de servir comida en la última hoja de plátano. Y, maravilla de maravillas, incluso después de servir a más de tres mil personas todavía quedaba arroz y curry en los recipientes de comida. A los que mirábamos atónitos la cara de Amma, Ella nos respondió con una dulce sonrisa.

—Hijos, ¿puede medirse y cuantificarse el amor? El amor no puede agotarse nunca. Igualmente, cualquier cosa que se acaba no puede ser amor. Es el amor de estos hijos que trabajaron duro lo que ha llenado los platos de comida.

Amma siempre se esfuerza por subrayar que todo se debe al poder del amor de sus hijos y nunca a su propio poder divino. A Dios, después de todo, le encanta glorificar a su devoto. Nunca tiene la sensación de estar haciendo nada. No tiene ego. ¿Cómo puede tener ego alguien que se ha transformado en el mismo amor puro?

¿Qué hay imposible para alguien que se ha convertido en la personificación del amor? Hace mucho tiempo, muchas personas de *Ālappāḍ* habían visto a Amma sirviendo *pancāmṛtam* (pudín dulce hecho de cinco ingredientes) a mil personas a partir de un pequeño recipiente. Al parecer, incluso después de servido todo el mundo el pequeño recipiente todavía rebosaba *pancāmṛtam.* Aquel día fue el propio amor de Amma el que se había desbordado en forma de *pancāmṛtam.*

—Si Amma sigue derramando tanto amor sobre nosotros, ¿no se le acabará al final? —preguntó un devoto.

Amma dio una respuesta clara:

—¡Nunca! Hijos, nunca se va a acabar. Sólo doy lo que rebosa. No es algo que yo haga conscientemente. El amor simplemente rebosa.

Si el amor que rebosa de Amma es tan inmenso, ¿cómo se puede medir el amor oceánico que llena su corazón?

Se dice que cuando *Durvāsa* y su enorme séquito comieron indirectamente el trozo de espinaca lleno de amor de *Pāncāli* se sintieron ahítos.[25] También hemos oído la historia de cómo Cristo alimentó a cinco mil personas con cinco barras de pan y dos peces. ¿Pero hemos visto todo esto nosotros mismos? Los racionalistas que haya entre nosotros pueden, por eso, desestimar estas historias como apócrifas.

Sin embargo, las historias de la encarnación de Amma no tuvieron lugar hace siglos. Es la experiencia de muchos miles de personas que todavía viven hoy. El Señor *Kṛshṇa* mostró al mundo las grandes maravillas que el amor puede crear. Si podemos imbuirnos de ese mismo amor por medio del cariño de una madre, todo nos parecerá maravilloso.

Amma ha dicho que el mundo está sostenido por el amor. Para convertirnos en personificaciones del amor puro debemos zambullirnos en el océano de amor que es Amma. Ésta es la verdadera entrega. La autoentrega nos lleva a un estado en el que anhelamos abrazar la Verdad.

* * *

[25] *Pāncāli* y los *Pāṇḍavas* habían sido bendecidos con un *akshaya pātram*, un recipiente de comida que se rellena solo. Ese día, cuando los *Pāṇḍavas* hubieron terminado su almuerzo, *Pāncāli* se tomó el suyo y después llavó el plato. Cuando se enteró de que el sabio *Durvāsa* y su séquito de miles de personas se acercaban a su ermita para comer, se puso nerviosa, porque el sabio era famoso por su fiero temperamento y por maldecir a los que provocaban su cólera. Rezó con fervor al Señor *Kṛshṇa*, que se le apareció y le pidió algo de comer. *Pāncāli* le dijo que, como ya había lavado el *akshaya pātram*, no le quedaba nada. *Kṛshṇa* le pidió que comprobara el recipiente de nuevo. *Pāncāli* vio un trocito de espinaca y, humildemente, le ofreció el trozo al Señor, que se lo comió y se declaró saciado. *Durvāsa* y su séquito, que se estaban bañando en un río, también se sintieron saciados y, por eso, decidieron no almorzar ese día.

Los mahātmas no hacen milagros, pero todo lo que hacen se convierte en un milagro. No es que los *mahātmas* digan la verdad: todo lo que dicen se convierte en verdad. Cuando las personas que vienen al *darśan* de Amma rezan para que sus problemas se solucionen y sus deseos se cumplan, Ella dice: "Amma hará un *sankalpa*."

¿Qué significa esto? Los *sankalpas* de los *jñānis* nunca se hacen en vano. Estos *sankalpas* generan poderosas vibraciones en la naturaleza que inmediatamente empezará a facilitar el cumplimiento de los *sankalpas*.

Cuando vivía con Amma en el *āśram* tenía la obligación de traducir al *malayāḷam* las cartas en ingles, leérselas en voz alta y escribir su respuesta a los que las habían enviado. He visto a Amma leer detenidamente las miles de cartas que le envían sin importarle cuánto tiempo tardase en hacerlo. Si alguien esconde las cartas para que pueda descansar, Amma las busca y las lee todas.

Un día, cuando Amma había regresado a su habitación después del *darśan* de la mañana, fui allí como de costumbre con las cartas. Se las leí todas. Como había muchas, tuve que leerlas deprisa. En aquellos días, Amma se tumbaba en el suelo y escuchaba la lectura de las cartas. Toda mi atención se centraba en las cartas que leía en voz alta sin parar. De repente, oí un sonido detrás de mí: ¡Bum! Me volví. Amma había rodado por el suelo como una chiquilla y se encontraba detrás de mí.

Amma me dijo:

—Hijo, ese "bum" era el sonido del gato cayéndose al estanque. Nada de lo que preocuparse. Sabe nadar.

Fue entonces cuando me di cuenta de que Amma había estado allí tumbada leyendo un libro de historietas. No me gustó nada. Disgustado, le dije:

—Estoy aquí, molestándome en traducirte las cartas. Si la cosa es así voy a dejar de leerlas.

—No te enfades, querido. Un niño me dio este libro durante el *darśan* de la mañana. Me lo dio con mucho amor y me dijo que lo leyese después del *darśan*. No podía ignorar este inocente *sankalpa*. Hijo, Amma también estaba prestando atención a lo que leías.

No estaba dispuesto a escuchar nada que Ella tuviera que decir. Le pedí que me dijera el contenido de las cartas que le había leído. Amma expuso el contenido de unas diez cartas que le había leído. Despues dijo:

—Ahora, hijo, escucha también lo que dicen las cartas que no has abierto.

¡Entonces Ella me dijo lo que contenía cada una de las cartas sin abrir! Había entendido el contenido de todas ellas aun antes de haberlas abierto. Cuando abrí las cartas, vi que todo lo que había dicho era completamente correcto.

Asombrado, le pregunté:

—Amma, si ya sabes lo que dicen todas estas cartas incluso sin leerlas, ¿por qué me haces pasar tanto tiempo traduciéndotelas para que las oigas?

Amma contestó:

—Hasta los pobres, que carecen de medios para echar una carta al correo, le envían cartas a Amma por medio de otros. Cuando estas personas escriben cartas, lo hacen con el *sankalpa* de que Amma las lea. Amma no puede evitar inclinarse ante sus sinceros *sankalpas*.

Y prosiguió:

—Cuando los hijos inocentes escriben las cartas, sus *sankalpas* ya están registrados en la naturaleza. Mediante las cariñosas cartas de sus corazones sus mensajes llegan a Amma más rápidamente que las cartas que echan al correo.

La madre no sabe que su hijo tiene hambre por medio de cartas, ¿verdad? En el profundo vínculo de amor entre la madre y el hijo, sus corazones se hacen uno. De forma semejante, los *mahātmas*, que en su amor son uno con el universo, pueden sentir en sí mismos las vibraciones del pensamiento de todas las criaturas.

El error de un discípulo

28

Se dice que hay dos cosas en el mundo que no tienen fin: la compasión de la *Guru* y la estupidez del discípulo. Los recuerdos de las tonterías que cometí durante los primeros tiempos que pasé con Amma me vienen a la memoria de vez en cuando. Era la época en la acababa de empezar a quedarme en el *āśram*. Amma pasaba todo su tiempo con nosotros. Igual que la madre gallina vigila con cuidado a sus pollitos, nosotros teníamos muchas ocasiones para disfrutar bajo las alas protectoras de Amma. En aquellos días nos resultaba imposible estar lejos de Ella ni por un instante. Así estaban nuestras mentes entonces. Meditábamos juntos, cantábamos *bhajans* juntos y bailábamos juntos. De vez en cuando Amma gastaba alguna broma y nos hacía reír a carcajadas. Incluso en aquellos días, cuando se podía olvidar todo en la embriaguez de la devoción provocada por la presencia de la *Satguru*, tuve algunas meteduras de pata.

Las ideas sobre la espiritualidad que tenía antes de unirme al *āśram* eran notablemente diferentes. Me imaginaba que nunca más tendría que volver a la vida material. Pensaba que Amma nos dejaría realizar prácticas ascéticas en los picos del Himalaya o en el corazón de algún bosque para llegar a Dios. Ella no dejó de cambiar mis falsas ideas sobre la espiritualidad.

Decidí realizar mis prácticas espirituales con la mayor seriedad para acercarme más a Amma. También decidí cuál sería el medio de contemplar la forma real de Amma y acercarme más a Ella: aprender la *Devi Pūja*. Alguien me dijo que, si se adoraba a *Devi* sin interrupción, era posible acercarse más a Amma y tener la visión divina de *Devi*. En consecuencia, intenté aprender la *Devi Pūja*. El devoto que me había aconsejado aprender la *pūja* me proporcionó tanto los utensilios necesarios para hacer la *pūja* como una imagen de *Devi*.

Así que me dediqué a hacer la *pūja*. Amma se dio cuenta de que pasaba mucho tiempo sacándoles brillo a los recipientes para la *pūja* hasta que quedaban relucientes. Yo pensaba que si se hacía *pūja* con utensilios que brillaran como el oro, *Devi* se sentiría fácilmente complacida. Por eso pasaba más tiempo del necesario sacando brillo a los recipientes para la *pūja*.

Una mañana, mientras hacía la *pūja* en mi cabaña, Amma entró. Había imaginado que Amma me daría *darśan* bajo la forma de *Devi*, pero apareció en su forma habitual. Me sentí orgulloso del poder de mi *pūja*. ¡Qué rápidamente había conseguido llamar a Amma con mis esfuerzos! Sin embargo, la ilusión de que Amma había venido porque estaba complacida con mi *pūja* no duró demasiado. De hecho se podría decir que todos mis cálculos habían salido mal. No había ni pizca de alegría en la expresión de Amma. Tenía, por el contrario, el semblante serio.

—Hijo, no hace falta que hagas más *pūjas* —dijo—. Basta con que hagas la *mānasa pūja*.

Cuando oí sus palabras me quedé petrificado. Antes incluso de que pudiera preguntarle nada, Amma recogió todos mis utensilios para la *pūja* y se marchó. Así terminó mi *pūja sādhana*.

Más tarde pensé que se podría progresar espiritualmente mediante el estudio de las escrituras. En aquella época Amma le había pedido a un experto en sánscrito que nos enseñara el idioma. El estudio del sánscrito pronto se convirtió en una pasión que consumía todo mi tiempo. Empecé a faltar a muchas de mis prácticas espirituales diarias, y me pasaba todo el tiempo estudiando sánscrito. Amma observaba todo esto. Pensaba que si se enteraba de que estaba estudiando las escrituras con mucha seriedad me querría más. Por el contrario, algo diferente sucedió.

Una noche, a las dos de la madrugada, mientras estudiaba gramática sánscrita a la luz de un farol, Amma entró de repente en la cabaña. Vio que, en lugar de estar meditando, como solía hacer a esa hora, estaba deshuesando la gramática. ¡Ni siquiera

era consciente de que Amma estaba allí por lo absorto que estaba memorizando las normas gramaticales! Ella agarró todos mis textos sánscritos y se marchó. Decidí, en consecuencia, dejar también temporalmente mis estudios de sánscrito.

Comprendí que a Amma no le gustaba que me saltara mis prácticas espirituales diarias. Si era así, probablemente le gustaría que hiciera prácticas espirituales intensas. No quedaba otra opción: ¡tenía que realizar las prácticas ascéticas más duras, que me elevarían a las cotas más altas de la espiritualidad! No fue difícil obtener el permiso de Amma. Ella accedió a dejarme hacer *tapas* en la cueva.

—Hijo, ¿cuánto tiempo tienes la intención de quedarte allí? —me preguntó Amma.

Incapaz de responderle de inmediato, me mantuve en silencio. Más tarde, dije:

—Cuarenta y un días.

Amma sonrió y me dio permiso para realizar *tapas*. Sin embargo, entonces no comprendí el significado de su sonrisa. Al día siguiente me levanté temprano por la mañana, entré en la cueva e inicié mis prácticas. Algún tiempo después, el sonido de la bulliciosa risa de Amma enfrente del *kaḷari* llegó a mis oídos. Cuando oí aquella risa fui incapaz de quedarme sentado inmóvil mucho más tiempo. Me levanté y me asomé por la puerta. Mis hermanos *Bālu*, *Veṇu* y *Rao* estaban sentados alrededor de Amma, que estaba contando chistes y haciéndoles reír. No podía oír con claridad lo que Amma estaba diciendo. Lentamente, salí andando de la cueva y me senté detrás de Amma. Oyendo mis pasos, Amma se volvió. Cuando me vio, Amma se rió y preguntó:

—Querido *Śri*, ¿cuándo vas a empezar tu *tapas* en la cueva?

No le había dicho que iba a comenzar mi *tapas* esa mañana temprano. La verdad era que mi mente ya estaba sufriendo mucho por las punzadas de la separación de Amma. Ella me miró compasivamente, como para animarme. Bajé la cabeza para que no viera las lágrimas que llenaban mis ojos.

Cuando le había informado a Amma sobre mi deseo de hacer *tapas* no había pensado lo doloroso que sería estar físicamente lejos de Ella. Al día siguiente, entré de nuevo en la cueva y comencé mis prácticas ascéticas. Debían de haber pasado unas pocas horas cuando oí el sonido de *bhajans* fuera. Mi mente se movió hacia los sonidos. Por mucho que intentara controlarme, me era imposible seguir sentado allí. Aunque me había dicho que ni siquiera me levantaría, no podía evitarlo. De pie en la entrada de la cueva, mire hacia el exterior. Amma estaba cantando *bhajans* con los *brahmacāris*. Había muchos devotos de *Kollam* sentados a su alrededor. En aquella época yo era el que tocaba el armonio para Amma. Escudriñé atentamente para ver quién estaba tocando entonces el armonio para Ella. Era *Nealu*. ¡Salí disparado de la cueva! Amma les dijo a todos los que tenía alrededor lo que realmente había sucedido. Todos me miraron y se pusieron a reír. Me quedé ahí de pie, impotentemente, sintiéndome completamente abatido. Sin decir una palabra, regresé a la cueva, entré y me senté. Prometí que eso no volvería a suceder nunca.

Tenía que cumplir la palabra que le había dado a Amma. Decidí no salir de la cueva hasta que los cuarenta y un días hubieran pasado. Los primeros días fueron muy difíciles. Siempre que oía la voz de Amma, la añoranza de verla amenazaba con romper todos los votos. Le recé a la propia Amma para que me diera fuerza para superar esta dificultad. "Si tan sólo Amma entrara en la cueva...", pensaba haciéndome ilusiones. Pensando que vendría, me quedaba despierto por la noche, esperándola. Pero no vino. Empecé a resignarme al entorno de la cueva.

Un día, Amma entró en la cueva. Su amor y su cariño me infundieron nueva vida.

—Hijo, cuando salgas de la cueva debes traer a *Devi-amma* contigo —me recordó.

Más tarde comprendí que Ella me había bendecido con la experiencia de la Diosa (*Devi*) que es Amma residiendo en el corazón. En los días que siguieron, experimenté verdaderamente la constante proximidad de Amma, aunque Ella estuviera físicamente lejos. Si no hubiera sido por esa experiencia, no hubiera sido capaz de seguir en esa cueva. Así pasé mi tiempo allí, meditando en Amma.

Un día, oí la voz de Amma de nuevo frente a la cueva.

—*Śri-mon*, han pasado cuarenta y un días. ¿No vas a salir?

No era capaz de contestar. Mi mente se había adaptado totalmente al entorno de la cueva. Dos días después, Amma entró en la cueva y me sacó a rastras. Echándose a reír, dijo:

—Hijo, el que siempre recuerda a la *Satguru* está haciendo *tapas* tanto si está dentro como fuera de una cueva. Por eso, no hace falta hacer *tapas* en la cueva. Cuando se ha forjado un vínculo interior con la *Guru*, todas las acciones se convierten en prácticas ascéticas.

He leído que la presencia física de la *Guru* es indudablemente necesaria en las primeras etapas de la *sādhana* de un discípulo. Si podemos vivir con una actitud de entrega en presencia de la *Guru*, no hay nada que no podamos lograr. Comprendí que tratar de estar lejos de la presencia física de Amma en una época en la que Ella pasaba veinticuatro horas al día bailando y cantando con sus hijos hubiera sido estúpido. Había perdido cuarenta y un inapreciables días de oro. Amma me consoló con bondadosas palabras de bendición.

Lo más importante es el constante recuerdo de la *Guru*. Debemos tratar de utilizar todo lo posible la presencia de la *Guru*. La posibilidad de estar en presencia de *mahātmas* es una bendición excepcional. Ya es muy difícil obtener un nacimiento humano. Aún más difícil es tener interés en asuntos espirituales. Lo más difícil de lograr es la proximidad de un *mahātma*. Esto es lo que conseguimos en presencia de Amma. Debemos obedecer las palabras de Amma con fe y devoción amorosas. En lugar de tratar de sofocar nosotros mismos nuestros gustos y aversiones, debemos dejar que Amma nos guíe.

Tenemos que desarrollar la fuerza necesaria para sacar lo mejor de las circunstancias desfavorables y aprender a pensar más allá de nuestros gustos y aversiones. Cultivar la amplitud de la mente y el corazón nos permitirá sentir compasión por las penas del mundo. Debemos ser conscientes de nuestro egoísmo y nuestros malos hábitos y eliminarlos. Debemos intentar librarnos de nuestro ego. Todo esto forma parte de la vida espiritual. Amma ha creado las circunstancias externas necesarias para lograr estos fines. Por eso, en presencia de la *Guru* podemos lograr en un periodo de tiempo muy corto lo que de otra manera hubiera requerido muchos años de *tapas*. Cada movimiento de Amma imparte más sabiduría que miles de libros. Si podemos entender la miríada de expresiones que en cada momento resplandecen en su rostro, si podemos entender el significado de las cambiantes *mudras* que despliegan sus dedos, no es probable que necesitemos nada más para lograr la sabiduría espiritual.

La espiritualidad no consiste sólo en realizar *pūjas*, estudiar sánscrito o las escrituras o encerrarse en una cueva. Es una perspectiva que da fuerza para afrontar toda clase de situaciones. Lo que convierte la vida en un arte es la belleza de la disociación que otorga la dicha. Cada uno de nuestros movimientos debe convertirse en una práctica espiritual. La ciencia espiritual es la sabiduría que nos capacita para hacer que la vida sea espléndida extendiendo la fragancia y la belleza del amor sin dejar que el mundo nos manche, como el loto que crece en el lodo.

Actualmente, todo lo que hacemos con la mente o con el cuerpo es una pura insensatez. Nunca terminará, a menos que trascendamos la mente. Podemos acumular una gran cantidad de información. Podemos convertirnos en un verdadero tesoro de conocimientos enciclopédicos. A pesar de ello, seguiremos repitiendo nuestras necedades una y otra vez. Citando las palabras de Amma: "Tenemos conocimiento, pero no conciencia". Amma está transmitiendo la sabiduría que nos llevará a la conciencia más elevada.

Debemos dedicar totalmente nuestra vida a la práctica espiritual. Innumerables devotos, hijos de Amma, que han convertido el trabajo que desempeñan en una práctica espiritual volviéndose así dignos de las bendiciones de Dios, están haciendo ahora servicio desinteresado en distintas partes del mundo. Amma está animándolos a adquirir pureza interior por medio del servicio desinteresado. No todo el mundo es capaz de tomar el mismo camino hacia el conocimiento de Dios. Los aspirantes de mayor grado, los que son ricos en cualidades sátvicas, son excepcionales. La mayoría expresa en sus hábitos cualidades predominantemente rajásicas o tamásicas. Por eso la *Guru* señala un camino espiritual acorde con la constitución mental del discípulo.

La mayor parte de las personas presta atención sólo a sus propios asuntos a lo largo de la vida. Lo que nos hace dignos de las bendiciones de Dios es el trabajo desinteresado. Aunque trabajemos para nuestras personas cercanas y queridas debemos tratar de hacerlo con una actitud desinteresada. Las acciones desinteresadas llenarán nuestra vida de belleza y de satisfacción.

El engaño cósmico, plagado de dualidades, es la causa de todo sufrimiento. Vemos lo que no debemos ver y no vemos lo que debemos ver. Para ver el mundo como realmente es hace falta pureza interior. Si los ojos de la sabiduría han de abrirse, necesitamos la gracia de la *Guru*, porque sólo por su gracia la visión de la Verdad puede sustituir nuestra conciencia orientada hacia el mundo. Despojándonos de nuestras cargas cósmicas, nuestra vida en este mundo debe convertirse en una peregrinación hacia la Totalidad. Este *samsāra* sólo es bueno como aprendizaje. Debemos invertir en esta vida divina para convertirnos en *paramahamsas* (santos eminentes), un estado que trasciende todas las dualidades. En la presencia de la *Guru* es donde podemos hacerlo.

El amor que rebosa de nuestros corazones debe manifestarse como *seva*; pero primero debemos aprender a servir a la *Guru*. ¿Quién puede no amar a una *Satguru* como Amma, que rebosa cualidades divinas? ¡Con qué entusiasmo quieren todos servir sus santos pies! En los primeros días del *āśram* todos competían por servir a Amma. Los problemas que provocaba esta competencia entre los devotos no eran pocos. Ahora me doy cuenta de que yo también era uno de esos devotos.

Una parte de la cabaña donde Amma descansaba se utilizaba como cocina. Normalmente, *Swāmi Rāmakṛshṇānanda* le hacía el té de la mañana. Un día, cuando él no se encontraba en el *āśram*, decidí hacerle el té. Nunca antes había hecho té en toda mi vida. ¡Aun así, trabajé tan ajetreado como si regentara una tetería! La obligación del discípulo es servir a la *Guru*, ¿no es así? ¿Cómo podía desaprovechar esta oportunidad de servir a Amma? Incluso antes de que nadie más pudiera tener la ocasión de entrar en la cocina, anuncié mi intención de hacerle el té a Amma. No sólo eso: incluso le expuse a Amma de antemano mi intención. Por eso, nadie vino a molestarme.

Media hora después, Amma me llamó desde enfrente del *kaḷari*:

—*Śri-mon*, ¿dónde está el té?

—Estoy haciéndolo —respondí en voz alta.

Amma vino personalmente a la cocina para ver cómo estaba preparando mi té especial. Viendo el color del agua que hervía en la olla, Amma preguntó:

—Hijo, ¿por qué está tan negro?

—Yo también me lo estaba preguntando, Amma. Lo he intentado varias veces, pero todavía no puedo entender por qué el agua está tan negra.

Sin prestar atención a lo que le estaba diciendo, Amma agarró el bote del té.

—Algo no está bien en este té en polvo. Por muchas veces que lo intento, Amma, no sale bien.

Confesé mi impotencia. Abrí el bote que contenía el té en polvo y se lo mostré a Amma. Cuando lo vio, se echó a reír con fuerza. ¿Cómo podía la visión del té causar tanta risa? Sin entender qué pasaba, me quede de pie, impotente. Al cabo de un rato comprendí lo que había sucedido. ¡Lo que había puesto en el agua caliente, creyendo que era té en polvo, era en realidad la cáscara de arroz quemada que se utiliza como polvo dentrífico! Amma aceptó animosamente que el error había sido causado de forma involuntaria cuando confundí el limpiador de dientes con el té.

Dije:

—Amma, por favor, no le cuentes esto a nadie. Todo el mundo comete errores. ¿Por qué no te sientas enfrente del *kaḷari*? Acabaré de preparar el té en unos pocos minutos y te lo llevaré.

Como una niña obediente, Amma fue a sentarse en la veranda abierta del *kaḷari* y esperó. Como un experto cocinero, improvisé una taza de té en un abrir y cerrar de ojos. Me daba cuenta de que lo que había conseguido no era ninguna nimiedad. Caminé orgullosamente hacia Amma con el té. Después de dar un sorbo Amma dejó la taza en el suelo y se puso a rodar por el suelo, riéndose. Había visto a Amma hacer eso varias veces cuando entraba en *samādhi*; pero sólo había sucedido durante los *bhajans*. No podía entender cómo una taza de té podía afectarla de esa manera. Quizás hubiera recitado mi *mantra* demasiadas veces mientras preparaba el té. En cualquier caso, bebí un sorbo de la taza para ver si también tenía la misma experiencia. Entonces entendí claramente la razón de la risa de Amma. Comprendí que el que el azúcar y la sal tengan la misma forma y color puede ser muy peligroso: ¡en lugar de echar azúcar, había puesto sal! ¡En lugar de servir a Amma la había molestado! La verdad me escocía. Al final, la propia Amma fue a la cocina, hizo té y me dio una taza a mí también. En el rostro de Amma, que desbordaba la dulzura de la maternidad, no había más que cariño. El poder hipnótico de ese amor divino, que disipa la ignorancia y el ego del discípulo, me llenó los ojos de lágrimas.

La mayor parte de quienes sirven a la *Guru* le causan molestias. Debemos hacer lo que sabemos y no insistir en hacer una *seva* que otra persona esté haciendo.

Los primeros *sevaks* que sirvieron a Amma fueron los pájaros y los animales. Amma dijo una vez:

—Los pájaros y los animales eran capaces de entender a Amma de inmediato, pero a los seres humanos les ha resultado difícil entenderla.

Con frecuencia, la inocencia puede llegar a entender lo que el intelecto no es capaz. Todas las criaturas comprendieron la grandeza de Amma, que se había vuelto una con la naturaleza. Los seres humanos fueron los últimos en comprenderla. Cuando Amma no comía, las águilas, las vacas y los perros acudían a ella corriendo para servirla, mientras que los seres humanos no dudaban en llamarla loca y burlarse de Ella. Con sus vidas, los pájaros y los animales pueden enseñarnos muchas lecciones. Por eso los *avadhūtas* se esforzaban por verlos como *Gurus* (*Avadhūta Gīta*). Las supuestas personas cultas modernas se olvidan a menudo de que los seres a los que no consideramos inteligentes realizan servicio desinteresado. No aprendemos ninguna lección de estas criaturas mudas, sino que las matamos para comer. ¿Cómo pueden los seres humanos lograr paz alguna en un mundo lleno del dolor y la angustia de las criaturas mudas que gimen en los mataderos?

Muchas veces los seres humanos han tenido que observar, paralizados por la impresión, cómo los desastres naturales, en una danza salvaje de destrucción, derribaban todo lo que ellos habían construido. Aun así, su falta de reverencia por la naturaleza no ha terminado. Todavía hoy reciben críticas los grandes maestros espirituales. *Mahātmas* que sólo hacen el bien siguen siendo perseguidos. Sin embargo, Amma continúa viajando por todo el mundo, como la corriente incontenible de un manantial perenne de amor, rezando por el bien de los que la critican y se burlan de Ella y derramando compasión sobre todos.

Maravillas del amor divino

29

Recuerdo cómo cada día que pasaba nos regalaba abundantes experiencias. Amma estaba creando a su alrededor un microcosmos del mundo, con escenas conmovedoras que ensartaban juntos a hijos de diferentes inclinaciones en el hilo de su amor, transformándolos en una guirnalda para el Señor, un adorno para el mundo. La presencia de Amma, que transforma una estatua en una deidad, vuelve bellos todos los defectos y derrite el ego: ha convertido el mundo espiritual en la mayor universidad. Ella brilla como la personificación del sacrificio de sí, facilitando innumerables ocasiones para que los buscadores beban del néctar del amor divino y se disuelvan en la eternidad, sin importar lo diversos que sean sus caminos hacia la Verdad. A diario se suceden alrededor de Amma experiencias que nos hacen reír y reflexionar.

En los primeros días del *āśram* no había edificios. Unas cuantas cabañas y el *kaḷari* donde Amma daba *darśan*: eso era el *āśram*. Las prácticas espirituales como el *japa* y meditación se llevaban a cabo en las orillas de la ría. La mayor parte del tiempo Amma estaba en el terreno que había delante del *kaḷari*. Nunca usaba una esterilla para tumbarse. Acostumbrados a ver su ejemplo de sacrificio, los residentes del *āśram* hacíamos lo mismo. Los *brahmacāris* cedían sus cabañas a los devotos que visitaban el *āśram*. Muchos días teníamos que quedarnos sin comer después de cocinar y servir a los devotos. A menudo, cuando nos tumbábamos en el suelo sin comer después de haberles servido comida a satisfacción a los devotos, Amma trataba de despertarnos para hacernos comer. Por muchos días que no comiéramos nunca nos sentíamos cansados. Aquellos eran los días en los que comprendimos que la satisfacción y la felicidad residen en sacrificarse y no en acumular. Todos estaban llenos de momentos verdaderamente propicios de nuestras vidas.

Un devoto que se quedó en la cabaña de *Uṇṇikṛshṇan* (ahora *Swāmi Turìyāmṛtānanda Puri*), que hizo una *pūja* en el *kaḷari*, regresó la siguiente vez con una esterilla nueva de paja. Le había dado pena ver a *Uṇṇi* durmiendo en el suelo desnudo. Se marchó después de decirle a *Uṇṇi* que, de ahora en adelante, se tumbara en la esterilla.

Después sucedió otra cosa. Un hombre de *Kāṭṭūr* oyó por casualidad los *bhajans* que los *brahmacāris* de Amma cantaban en el templo de *Oacira*. Su atracción por los *bhajans* lo llevó hasta Amma. Cuando vio lo impensable en *Vaḷḷickāvu*, se quedó atónito. Miró con curiosidad a los *brahmacāris* que, incluso en su primera juventud, habían estado dispuestos a sacrificarlo todo por el bien del mundo y se encontraban absortos en meditación en las orillas de la ría. Miró con reverencia a aquellos que habían buscado refugio a los pies de loto de Amma, habiendo abandonado todas las comodidades de esta edad moderna en que las personas corren atropelladamente tras los placeres sensibles. Estos residentes del *āśram* cantaban himnos devocionales durante todo el *darśan*. Trabajaban en la cocina, el establo para las vacas y las obras con una actitud de renuncia. Siguió intentando saber más sobre estos *brahmacāris* benditos de Amma. Habló con cada uno de nosotros personalmente. Incluso nos aconsejó que repitiésemos tres veces el último verso al final de los *bhajans*.

Uṇṇi, que era el que había compuesto el mayor número de *bhajans*, se convirtió en centro de su atención. ¿Cómo componía *Uṇṇi* tantos bellos poemas? ¿Cómo podía componer canciones que contenían principios espirituales tan abstrusos sin haber recibido una instrucción en sánscrito o estudios superiores? Si se tiene la gracia de la *Guru*, ¿hay algo que no sea posible? Trató perseverantemente de descubrir el secreto de de la poesía de *Uṇṇi*. Interrogó a fondo a los *brahmacāris* y a los devotos. La respuesta más clara le llegó de un devoto llamado *Ayyappan* que pasaba todo el tiempo leyendo entre los cocoteros. Utilizar el ingenio para hacer reír a alguien es una buena acción, ¿verdad? Lo que se supo más tarde fue un buen ejemplo de esto.

En un santiamén *Ayyappan* se inventó una historia sobre el secreto de la poesía de *Uṇṇi*, y se la contó al devoto de *Kāṭṭūr*:

—Hace unos años un gran *yogi* vino aquí. Se quedó unos días y después se marchó. El *yogi*, que poseía grandes poderes ocultos, se alojó en la cabaña de *Uṇṇi*. Le regaló a *Uṇṇi* la esterilla en la que solía tumbarse, que estaba impregnada de energía divina. El milagro sucedió después de que el *yogi* se hubiera marchado. Cuando *Uṇṇi* se sentó en la esterilla, de su interior empezaron a manar poemas. Se puso a escribir sin parar. Desde ese día *Uṇṇi* se sentaba sobre esa esterilla siempre que escribía poesía.

El devoto comprendió que el poder divino de la esterilla de paja era el secreto de la poesía de *Uṇṇi*. Esa noche se quedó en el *aśram*.

Cuando *Uṇṇi* se despertó al día siguiente y empezó a enrollar la esterilla se dio cuenta de que le faltaba la mitad. ¿Cómo habría pasado? *Uṇṇi* les enseñó a todos los restos de su esterilla. Todos se echaron a a reír viendo el lamentable estado de la esterilla. Sin embargo, nadie sabía cuál era la causa. En cualquier caso, *Uṇṇi* estaba contento de haber perdido la mitad de su esterilla. ¡Ya no tendría que utilizarla!

Unos dos años más tarde, Amma celebró programas en *Kāṭṭūr* y se alojó en la casa de ese devoto. Abrió la puerta de la habitación de la *pūja* y entró en su interior. Todos vieron un paquete envuelto en una tela de seda colocado delante de la lámpara de aceite. Después de hacer la *pūja*, Amma le preguntó al cabeza de familia:

—Hijo, ¿qué hay en este paquete?

Lleno de humildad, el hombre contestó:

—Amma, ¿por qué no lo abres?

Amma empezó a desenvolverlo lentamente. Todos miraban con gran curiosidad. ¿Qué podría haber colocado con tanto cuidado frente a la lámpara de aceite? Una por una, Amma retiró las muchas capas de brillante seda que se habían utilizado para envolver el paquete. Finalmente, viendo un trozo hecho jirones de esterilla de paja debajo de todas las telas de seda, nos echamos a reír. ¡Era el trozo perdido de la esterilla de *Uṇṇi*! Hasta los que no conocían la historia estaban riéndose. Y los que sabíamos la historia no podíamos controlar la risa de ninguna manera. Amma atrajo a aquel hombre inocente a sus brazos y lo abrazó. Después de ese episodio, el hombre vino al *āśram* con los poemas que había compuesto. Por la gracia de Amma, esos poemas eran la prueba de las maravillas que la fe inocente puede crear.

No hay fin para las maravillas que tienen lugar en la sagrada presencia de Amma. Para los que están hastiados por el aburrimiento, estaban las pintorescas cabañas de paja en el terreno de delante del *kaḷari*, para suscitar en ellos el entusiasmo y la pureza de un niño. ¡Cuántas expresiones de esfuerzo ha presenciado el *kaḷari*! Lo que todos —el devoto, el erudito, el racionalista, el científico, el político y el líder religioso— pueden obtener de este bendito santuario es la experiencia divina de unirse con un corazón puro y una cabeza humilde.

Por las historias de la vida de *Kāḷidās* sabemos cómo la lluvia de la compasión de *Kāli* transformó a un bobalicón en un poeta. En respuesta a la pregunta de *Kāḷi* "¿Quién está dentro?", él no dijo "yo". Lo que dijo fue: "Tu sirviente". ¿Puede Dios dejar de bendecir a alguien que tenga la actitud de un sirviente? De hecho, la Madre *Kāḷi* derramó copiosamente sus bendiciones sobre él.

En esta sagrada morada también tienen lugar muchas maravillas constantemente. La *Satguru* puede convertir a cualquiera en un orador, un erudito, un vate o un devoto sublime. Si somos un instrumento en las manos de Dios, podemos convertirnos en cualquier cosa. Un instrumento no tiene ni gustos ni aversiones, no tiene quejas. Un instrumento musical espera pacientemente el toque de los dedos del músico. Se somete silenciosamente al músico. Todos los que esperan con paciencia la lluvia de compasión de la *Guru*, de la misma forma en que el capullo de una flor realiza prácticas ascéticas para llegar a florecer, pueden convertirse en flores inmarchitables que emitan la dulce fragancia de la espiritualidad.

* * *

También hay historias sobre cómo algunos, al darse cuenta de que podían lograr cualquier cosa con las bendiciones de Amma, se esforzaban por utilizarla para deshacerse de sus enemigos. Muchos pagan *pūjas* en los templos para destruir a sus enemigos. Sin embargo, lo que *Devi* destruye no son los enemigos, sino la enemistad que hay en uno mismo. En otras palabras: librarse de los enemigos consiste en transformar los enemigos en amigos.

Un martes por la noche, mientras transcurría el *Devi bhāva darśan*, un hombre entró en el *kaḷari*. Todo el mundo se percató de su presencia porque recitaba *mantras* en voz alta y entró al santuario sin prestar atención a las largas filas de personas que hacían cola para el *darśan*. En cuanto entró en el *kaḷari* empezó a echar flores sobre la cabeza de Amma mientras entonaba *mantras*. Amma cerró los ojos y se absorbió en meditación. Permaneción inmóvil casi diez minutos. Cuando el hombre hubo terminado la ofrenda de flores, Ella abrió los ojos. Con una expresión seria en el rostro, Amma le preguntó:

—Hijo, ¿le haces también al cuerpo todo lo que le haces a la imagen?

Nadie entendía el significado de la pregunta de Amma.

—Amma, no había otra forma. ¡Por favor, perdóname!

Aunque quienes se encontraban cerca del hombre oyeron su respuesta, no entendían de qué hablaba.

—Ahora basta con que me des unas flores con la mano derecha, Amma. Después me marcharé de inmediato.

Amma tomó algunas flores con la mano izquierda y la tendió. El hombre no quería aceptarlas. Insistía en que Amma le ofreciera las flores con la mano derecha; pero Amma no mostró ningún signo de que fuera a ceder. Los que esperaban el *darśan* se impacientaron. Finalmente, el hombre tomó algunas flores, las apretó contra la mano derecha de Amma y se marchó con ellas.

¿Qué había hecho ese hombre? La ansiedad de los devotos aumentó. Amma simplemente sonrió. Para Ella, todo eso eran *līlās*. Los devotos, que se embelesaron con la dulce sonrisa de la madre que disfruta con las travesuras de sus hijos, se olvidaron incluso de la pregunta; pero yo no.

Al día siguiente, la propia Amma explicó lo que había sucedido. El hombre que había venido recitando los *mantras* era el propietario de una panadería. Amma recordaba claramente haberle visto venir al *darśan* en muchas ocasiones. Otro hombre había abierto una tienda junto a su panadería y esto había causado una pérdida significativa en los ingresos del panadero. Quería deshacerse de esa tienda a toda costa. Por esa razón, le había rezado a Amma en numerosas ocasiones. La creencia de que sólo la eliminación de ese tendero llevaría a su propio bien le había impulsado a buscar la ayuda de Amma. Cuando se dio cuenta de que Amma no sería cómplice de nada que pudiera dañar a nadie, buscó a un practicante de magia negra como último recurso. Aprendió algunos *mantras* que forzarían a *Devi* a cumplir algunos de sus fines. Mientras entonaba esos encantamientos fue cuando echó flores sobre Amma. Parece que el brujo le había dicho que si Amma le daba flores con la mano derecha su plan tendría éxito.

—Entonces, ¿las cosas sucederán como él quiere? —pregunté.

—No, hijo. Amma ha realizado un *sankalpa* para que su panadería prospere. Al mismo tiempo, no ha hecho nada que pueda hacer que la tienda del otro hombre se vaya a pique. Por eso, cuando el hombre empezó a ofrecer las flores al cuerpo mientras recitaba mantras, Amma tuvo que irse del cuerpo durante un corto período.

Recordé ahora que Amma había permanecido totalmente inmóvil, con los ojos cerrados.

—Él sólo pudo ofrecerle flores al cuerpo inerte. Por tanto, sus intenciones no van a dar fruto. Sin embargo, Amma está rezando por su crecimiento.

¿Qué es imposible para los *mahātmas* que pueden dejar su cuerpo a voluntad? Sólo desean el bien del mundo. No pueden herir a nadie. Sus vidas son poemas líricos de un amor imperecedero. Durante todo el tiempo que este mundo exista, el eco de ese *mantra* de amor resonará por todo el universo.

* * *

En la vida, los estados más elevados de dicha no pueden nunca expresarse con palabras. En la presencia sagrada de Amma suceden continuamente muchas cosas que están más allá de las palabras. Todo lo que nos parece imposible puede lograrse por medio de la fe inocente. Lo que hace falta es un corazón que sea lo suficientemente puro para creer. Entonces veremos que todo lo que sucede en los reinos internos de la conciencia se hace realidad.

La mente permanece vacilando todo el tiempo. Plantea dudas. Busca pruebas para el intelecto. Igual que las hojas brotan en un árbol, las preguntas que suscitan dudas siguen surgiendo. Se pierde tiempo tratando de encontrar respuestas. Lo que puede ganarse rápidamente por una actitud de entrega se pierde por culpa de la interferencia de la mente. El corazón que se desborda de amor no puede dudar; sólo puede creer. Ni siquiera puede decirse que crea. La duda es la hija del miedo, y la fe, del amor. La fe sólo es para los que pueden amar, porque donde hay amor no hay ni duda ni queja. La devoción es la fragancia de la fe. La lógica es la creación de una comunidad que perece sin ningún sentido de la dirección; no es práctica para la vida. Un racionalista que lleva corriendo a su hijo moribundo al hospital tiene una fe ciega en el médico. No se niega a dejar que el médico trate a su hijo mientras no vea el carnet del médico. No retrasa la administración de un medicamento a su hijo hasta haber estudiado sus componentes químicos. Esto también es fe ciega. Las tendencias rebeldes sutiles de la mente nos animan a negar a Dios. Pero cuando se le ha cortado la cabeza al ego, nos volvemos humildes. En presencia de una *Satguru* como Amma un hijo obtiene pureza mental y es capaz de recuperar su inocencia natural. Toda fe es ciega. Sin embargo, la fe que surge de la entrega elimina la oscuridad de la ignorancia. El divino resplandor del amor disipa las sombras proyectadas por la duda. Esto es lo que sucede en la presencia de la *Guru*.

Un día, mientras daba *darśan*, Amma le pidió a un chico que estaba sentado entre los devotos que fuera con Ella. Le pidió que se sentara a su lado y hablaron durante un largo rato. La alegría por haber sido reconocido por Amma era patente en su rostro.

—¡Amma, no me has olvidado! —dijo.

Oyendo sus palabras, Amma se rió.

—Hijo, es difícil olvidar, ¿verdad?

Comprendí que su respuesta no estaba dirigida sólo a él. Probablemente se estuviera refiriendo a lo difícil que es alcanzar el estado en el que nos olvidamos de todo (salvo de Dios).

El chico había tenido por primera vez la gran fortuna de recibir el *darśan* de Amma unos cuantos meses antes, cuando devotos de cerca de *Konni*, en el este de *Kerala*, La habían ofrecido una recepción. Después del program había visitado una casa. Mientras los devotos cantaban *bhajans* con Amma con gran entusiasmo, Ella vio a un chico que la miraba con devoción. El hombre de la casa se lo presentó a Amma:

—Amma, canta realmente bien.

Amma lo atrajo hacia sí y lo bendijo. Él cantó un himno en alabanza del Señor *Ayyappa*, que Amma disfrutó inmensamente.

Aquel día él venía por primera vez al *āśram* a ver a Amma. Pensaba que Ella no se acordaría de él, pero por sus palabras se dio cuenta de que Ella se acordaba hasta de la letra de la canción que había cantado en aquella ocasión. Siguió sentado al lado de Amma hasta que concluyó el *darśan*. Quería decirle algo a Amma, pero era incapaz de decidirse a hacerlo. Amma le preguntó:

—Hijo, ¿qué quieres decirle a Amma?

—Me gustaría tener un violín —dijo con timidez.

—Hijo, ¿sabes tocar el violín?

—No, no he aprendido a tocarlo. Pero realmente quiero tocar el violín. He estudiado música clásica y si tengo un violín puedo aprender a tocarlo solo. Sé que si Amma me bendice puedo lograr cualquier cosa.

Las inocentes palabras del chico debieron de tocar el corazón de Amma. Ella me llamó de inmediato:

—*Śri-mon*, trae tu violín.

No muchos días antes me habían dado un violín. Aunque tocaba la flauta, también había intentado aprender a tocar el violín cuando lo recibí. Había otra razón para mi reciente interés por tocarlo. Una vez había visto a Amma tocando el violín. Un hombre había puesto un violín en las manos de Amma para que Ella pudiera bendecirlo. Fue entonces cuando oí a Amma tocar una canción. Cuando Amma dijo "hijo, *Gaṇapati Swāmi* le enseñó a Amma a tocar el violín", al principio no entendí lo que estaba diciendo. Empecé a reflexionar sobre el tamaño del violín que el Señor *Gaṇapati* habría estado tocando. Adivinando mis pensamientos, Amma dijo:

—¡Eh, tonto! ¡No el Señor *Gaṇapati*, sino *Gaṇapati Swāmi*!

Al cabo de un rato entendí lo que quería decir. *Gaṇapati Swāmi* era un devoto de *Kollam*, uno del primer grupo de devotos. Tenía un deseo: enseñarle a Amma a tocar el violín. También explicaba claramente por qué tenía este deseo. Pensaba que debía crear una ocasión para que los devotos vieran y oyeran a la propia *Devi*, que era Diosa de las Artes, tocar un instrumento musical. *Gaṇapati Swāmi* le preguntó a Amma directamente:

—Hija, ¿puedo enseñarte a tocar el violín?

El Señor no tiene reparos en vestirse de bufón por la felicidad de los devotos. Amma accedió alegremente a aprender a tocar el violín.

Lo que las personas comunes percibían en Amma era la forma y el modo de ser de una chica joven. Por eso muchos se dirigían a Ella como "la Pequeña". Para los devotos, ver a Amma jugar como una niña traviesa era experimentar momentos de una dicha indecible. Al día siguiente, *Gaṇapati Swāmi* vino a enseñarle a tocar el violín a Amma. *Gaṇapati Swāmi* era consciente de que, mientras aprendía a tocar el violín, *Kunju* podría insistir en que la llevara a caballito. Por eso, sabía que tenía que estar en guardia. Las reacciones de Amma siempre varían según las creencias de los devotos. Si alguien la llamaba "hija" respondía con "padre" o "madre". Si la llamaban "madre", Amma probablemente llamaría a esa persona "hijo" o "hija". Los que percibían en Ella tanto la naturaleza de la madre como la de la hija, se dirigían a Ella como "*Ammachi-kunju*." Unos pocos como *Gaṇapati Swāmi* veían en Amma a la propia Diosa.

Ya en la primera clase tuvo que reconocer su derrota. Amma, que estaba dispuesta a aprender a tocar el violín, le pidió a *Gaṇapati Swāmi* que tocara una canción. Él empezó a tocar un himno a Amma, cuyo rostro irradiaba la majestad de *Devi*. En cuanto se puso a tocar, notó que Amma se quedaba absorta en *samādhi*. Mientras tocaba, mirando en éxtasis a *Devi*, de sus ojos brotaban lágrimas. Cada día, *Gaṇapati Swāmi* venía a enseñarle a Amma a tocar el violín y siempre sucedía lo mismo. De ese modo, recibió la bendición de ver a Amma en *samādhi* en innumerables ocasiones. *Gaṇapati Swāmi* debe de haber absorbido las vibraciones gozosas del *samādhi*.

—¿Al final le enseñaste a Amma a tocar el violín? —le preguntaron algunos más tarde a *Gaṇapati Swāmi*.

—El que aprendió fui yo —bromeó.

—¿Qué aprendiste? —le preguntaron de nuevo.

—Aprendí que a *Devi* no se le puede enseñar.

Era una respuesta significativa. Nosotros somos quienes tenemos que aprender de cada movimiento de Amma. Así es como la *Guru* nos enseña todo lo que no podemos aprender. Ella desciende a nuestro nivel y representa sus *līlās*. Sólo se pone estos disfraces por compasión.

Cuando un devoto le pasó su violín a Amma para que lo bendijera, Ella tocó una canción para nosotros. Fue entonces cuando surgió mi deseo de aprender a tocar el violín. Algunos días más tarde, un hombre me dio un violín. Con el permiso de Amma, acepté el regalo. Intenté aprender a tocar el violín varias veces. Además, un profesor de violín de *Karunagapaḷḷy* vino al *āśram*. Me alegré al ver cómo Amma estaba orquestando diversas situaciones que me permitieran aprender a tocar el violín.

Fue mientras mis clases de violín estaban progresando de este modo cuando Amma dijo:

—*Śri-mon*, trae aquí tu violín.

Entonces Amma le dio mi violín al chico. Decidí que la flauta iba mejor con mis gustos y aptitudes. Así terminaron mis estudios de violín.

Apenas unas semanas más tarde, me quedé asombrado cuando vi una fotografía en la portada del periódico. Era la fotografía del ganador del primer premio de violín del Festival Juvenil del Estado de aquel año. Todos los periódicos hablaban de él de forma destacada. ¡No era otro que el chico al que Amma le había dado mi violín y sus bendiciones!

“¡Despertad, hijos!”

30

¿Por qué creó dios este triste mundo? ¿Por qué está la vida humana tan llena de pesar? ¿Por qué crea Dios grandes muros de obstáculos en el camino de la vida? Estas preguntas surgen en el corazón de muchos creyentes del mundo. En las coyunturas críticas de la vida, preguntan sin querer: "¿Por qué nos ha dado Dios una vida tan triste?

Amma dice: "Hijos, en el mundo de Dios no hay dolor. Él es la personificación de la dicha".

Aunque intentemos enseñarle la oscuridad al sol, éste no será capaz de verla: en el mundo del sol no hay oscuridad. De forma similar, en el mundo de Dios no hay penas. Él no es responsable de los problemas que crea la oscuridad de la ignorancia.

Entonces, ¿no hay solución para nuestras experiencias angustiosas? Ciertamente la hay, dice Amma. Hay una solución para todos nuestros problemas.

Desde el punto de vista de Dios, estas penas no son reales, aunque nos lo parezcan a nosotros. Esta confusión es la base de todas nuestras penas. En lo que a nosotros respecta, el dolor y el sufrimiento que experimentamos son reales. Por eso Dios tiene que descender al nivel de los seres humanos como la *Guru.* Aún así, las encarnaciones divinas pueden quedarse en el nivel de lo divino aunque se estén moviendo entre hombres y mujeres comunes. Con este propósito, ocultan sus glorias y adoptan el disfraz de seres humanos corrientes.

Supongamos que imaginamos una pared entre el mundo de Dios y el mundo humano. La puerta que conecta los dos mundos es la *Guru.* En otras palabras, Ella habita en ambos mundos y conoce los secretos de ambos. La *Guru* es alguien que conoce tanto el triste mundo de la persona corriente como la dicha de la experiencia divina. Está esperando para revelarnos el secreto de la Liberación de las penalidades del *samsāra* y para recordarnos las infinitas potencialidades de la vida humana. Ella embriaga de amor divino a las multitudes de devotos. Podemos haber estado ya rezándole a Dios, pero no podemos estar seguros de que haya escuchado nuestras oraciones. Sin embargo, Amma ha descendido entre nosotros en respuesta a todas nuestras oraciones, en una forma que es fácilmente visible, la misma personificación del amor, la compasión y el autosacrificio, que irradia todos los atributos divinos y emite los rayos dorados de la esperanza a millones de personas.

Aunque Dios esté siempre con nosotros, no somos capaces de percibirlo con nuestros sentidos. Para experimentarlo tenemos que transcender el domino de los sentidos. En lo que respecta a la persona común, esto no es fácil. Por eso Dios tiene que adoptar una forma perceptible por los cinco sentidos. Mediante su propia vida la Encarnación nos enseña a ser libres de los sufrimientos de la vida: esto es lo que Amma está haciendo. Los *mahātmas*, que han alcanzado la *pūrṇata* (Plenitud), no tienen nada más que lograr. Aún así, se los puede ver trabajando sin cesar. Amma también trabaja sin cesar para dar ejemplo al mundo, para enseñarnos el valor del tiempo, para hacernos conscientes de las grandes tareas que pueden realizarse en una corta vida, y, por medio de estas tareas, entrenarnos para que podamos alcanzar la plenitud del conocimiento de Dios. Todas nuestras acciones reflejan nuestras expectativas. El egoísmo vicia estas acciones. Las acciones de Amma, en cambio, resplandecen con la belleza del desinterés. Desprenden la sublime majestad del desapego.

Amma escucha con paciencia nuestras penas y nos dice cómo liberarnos de ellas. También trata de señalar la solución eterna de estos problemas por medio del consejo espiritual. Si en nuestros sueños pensamos que estamos enfermos, iremos al hospital del sueño. El doctor del sueño nos dará una medicina. De esta forma, la enfermedad del sueño recibirá una cura del sueño. Si en nuestros sueños nos roban cosas de nuestra casa, presentaremos una denuncia en la comisaría del sueño. Cuando la policía del sueño haya recuperado los bienes robados, nos los devolverán y sentiremos alivio. De forma parecida, miles de personas vienen a ver a Amma para obtener un alivio temporal de sus penas. Amma resuelve sus problemas. Cuando alguien que está enfermo se cura, se siente enormemente aliviado. Quien busca trabajo se siente aliviado cuando consigue un empleo. Algunos sienten alivio cuando por fin se casan. Otros se sienten aliviados cuando su situación económica mejora.

Por el poder del *sankalpa* de Amma nuestros pequeños problemas quedan resueltos; pero nos esperan muchos más problemas: ésa es la naturaleza del mundo. Todas las soluciones que encontramos son temporales. Cuando comprendemos esto nos entregamos a la *Guru* y nos refugiamos a sus pies para disfrutar de una paz permanente. La *Guru* hace añicos todos nuestros deseos. Cosas que parecen atractivas desde lejos lo parecen mucho menos cuando nos acercamos a ellas. Una vez, un hombre oyó sonidos cautivadores procedentes de instrumentos musicales y caminó en dirección a la música. Los sonidos llegaban desde lejos. "¡Qué bonito!", pensó. Cuando se acercó, se quedó quieto escuchando atentamente: era el sonido producido por el redoblar simultáneo de muchos grandes tambores. Se utilizaban pesados palos para golpearlos. ¿Y cuándo se acercó más aún? ¡Los estruendosos redobles eran capaces de destrozarle los tímpanos! El sonido no era tan dulce como lo había oído cuando estaba lejos. Su entusiasmo desapareció y quería salir corriendo para salvar su vida.

Muchas cosas del mundo material que pueden parecernos atractivas hoy pueden convertirse en desagradables mañana. La experiencia lo demostrará. Puede llegar un momento en el que suspiremos recordando todas las cosas por las que desperdiciamos nuestra vida entera. Por eso Amma dice: "Hijos, debemos estar dispuestos a aprender de las experiencias de nuestra vida y corregir nuestros errores. En lugar de quedarnos llorando en el suelo después de una caída debemos tratar de levantarnos".

Amma nos aconseja que volemos extáticamente hasta las cumbres de la espiritualidad, viendo el fracaso como el precursor del éxito. Si Amma está allí para apoyarnos, la victoria es segura. Debemos alcanzar el reino del Ser, que está más allá del cuerpo, la mente y el intelecto. Debemos lograr la Plenitud. Es estúpido desear permanecer en la cuna para siempre, como un bebé. El padre y la madre quieren que el niño crezca, estudie y llegue a las cumbres de la vida. Del mismo modo, también Dios debe de estar esperando determinadas cosas de nosotros.

La Madre Naturaleza está esperando el glorioso momento en el que cada uno de nosotros alcanzará la Plenitud. Podemos descubrir el camino hacia la paz eterna si somos capaces de volvernos receptivos a la gracia ilimitada de la *Guru*.

Amma dice que sólo hay una solución para todas las penas: ¡Despertar! Despertar de este sueño. "¡Despertad, hijos!" Esto es lo que Amma nos aconseja. No debemos tener miedo al ver los terrores del mundo de los sueños. No le afectan al que está despierto. Sin embargo, tiene que haber alguien cerca que no esté dormido para despertar al que llora por una pesadilla: ése es el papel de la *Guru*. Todo el mundo está sumido en el sueño del engaño. La *Guru* está tratando de despertarnos a todos. Aún así, el mundo ridiculiza y persigue, todavía hoy, a los *mahātmas* que sólo hacen bien al mundo. Sin verse afectado por todo esto, ese Ganges de Amor, la misma personificación del autosacrificio, sigue fluyendo hacia todos.

Glosario

Abhishekam – Baño ceremonial que normalmente se realiza a las deidades de un templo.

Ādi Śankarācārya – Santo que vivió unos cinco siglos antes de Cristo y que es venerado como un Guru y como el principal representante de la filosofía Advaita (No-dual), que sostiene que la creación y el Creador son, en último término, uno.

Acchan – Palabra malayāḷam que significa "padre". Su forma vocativa es "Acchā".

Ambāḍi – Lugar donde creció el Señor Kṛshṇa.

Amma(chi) – Palabra que significa "madre" en malayāḷam.

Annapūrṇeśvari – Diosa que distribuye comida que nos sacia.

Antaryāmi – Uno que habita en todos los seres.

Arcana – Recitación de una letanía de nombres divinos.

Āśram – Monasterio. Amma lo define como un compuesto de dos palabras: "ā" y "śramam" que significan "ese esfuerzo" (hacia el conocimiento del Ser).

Ātma – Ser o Alma.

Avadhūta – Una persona iluminada cuyo comportamiento es, con frecuencia, excéntrico y que está reñido con las normas sociales.

Avadhūta Gìta – El consejo del sabio Dattātreya al Rey Yadu, que adopta la forma de ocho capítulos en verso.

Bhagavad Gīta – Literalmente "La Canción del Señor". Consta de dieciocho capítulos en los que el Señor Kṛshṇa le aconseja a Arjuna. El consejo se da en el campo de batalla de Kurukshetra, justo antes de que los virtuosos Pāṇḍavas luchen contra los perversos Kauravas. Es una guía práctica para afrontar una crisis en la vida personal o social y es la esencia de la sabiduría védica.

Bhajan – Canción o himno devocional en alabanza a Dios.

Bhāva – Estado de ánimo o actitud divina.

Bhakti – Devoción.

Brahmā – El Señor de la Creación en la Trinidad hinduista.

Brahman – Verdad Última, más allá de cualquier atributo. Substrato omnisciente, omnipotente y omnipresente del universo.

Brahmacāri – Discípulo varón célibe que practica disciplinas espirituales con una Guru. (Brahmacāriṇi es el equivalente femenino)

Brāhmin – Miembro de la casta sacerdotal.

Circunambulación – Caminar alrededor de un objeto como por ejemplo un santuario. Una de las formas rituales de adoración de dicho objeto.

Crore – Un crore son cien lākhs (un lākh son cien mil), esto es, diez millones.

Dakshiṇa – Honorario que se da a la Guru como señal de la gratitud y apreciación del discípulo.

Darśan – Audiencia con una persona santa o visión de lo Divino.

Deidad – Dios o diosa del panteón hinduista. Los hinduistas creen que hay un total de treinta y tres crores (330 millones) de deidades. Esto se puede interpretar con el significado de que la Divinidad única e indivisible puede adoptar un número infinito de formas.

Devi – La Diosa / La Madre Divina.

Devi bhāva – "El estado divino de Devi", el estado en el que Amma revela su unidad y su identidad con la Madre Divina.

Dharma – Literalmente "lo que sostiene (la creación)". Generalmente utilizado para referirse a la armonía del universo, un código de conducta virtuosa, deber sagrado o ley eterna.

Durga – Una de las formas de la Diosa.

Gaṇapati – ver Gaṇesh.

Gaṇesh(a) – Otro nombre de Gaṇapati, el Dios con cabeza de elefante, hijo del Señor Śiva. Invocado como el que elimina los obstáculos.

Gopi – Lechera de Vrindāvan. Las gopis eran famosas por su ardiente devoción al Señor Kṛshṇa. Su devoción ejemplifica el amor más intenso a Dios.

Guṇa – Uno de los tres tipos de cualidades, a saber: satva, rajas y tamas. Los seres humanos muestran una combinación de estas cualidades. Las cualidades sátvicas están relacionadas con la calma y la sabiduría, las rajásicas con la actividad y la agitación y las tamásicas con la pesadez o la apatía.

Guru – Maestro espiritual.

Gurukula – Literalmente, el clan (kula) de la preceptora (Guru); escuela tradicional donde los estudiantes permanecían con la Guru durante toda la duración de sus estudios (un periodo de unos doce años), durante el cual la Guru impartía conocimiento escriturístico y académico, así como valores espirituales.

Haṭha Yoga – Rama del Yoga que se ocupa de ejercicios físicos dirigidos a armonizar el cuerpo, la mente y el alma.

Ilanji – El árbol floral Mimusops elengi.

Ishṭa devata – Forma preferida de la divinidad.

Jagadambika – La Madre del Universo.

Jagadīśvari – La Diosa del Universo.

Jaganmāta – La Madre del Universo.

Japa – Recitación repetida de un mantra.

Jīvātma – El Ser o Alma individual.

Jñāna – Conocimiento de la Verdad.

Jñāni – Conocedor de la Verdad.

Kaḷamezhuttu – Imágenes decorativas de deidades dibujadas en el suelo con polvo de color. Las canciones Kaḷamezhuttu son himnos sobre estas deidades.

Kaḷari – Generalmente se refiere a un templo que no contiene una imagen divina. Aquí se refiere al santuario ancestral de la familia de Amma, donde Amma daba darshan, incluyendo los darshans de Kṛshṇa bhāva y Devi bhāva.

Karma – Acciones conscientes. También la cadena de efectos que producen nuestras acciones.

Kārtika – Nombre de la tercera constelación de estrellas, las Pléyades.

Kauravas – Los cien hijos del rey Dhritarāshṭra y la reina Gāndhāri, de los que el malvado Duryodhana era el mayor. Los Kauravas eran los enemigos de sus primos, los virtuosos Pāṇḍavas, con quienes lucharon en la guerra del Mahābhārata.

Kāvaḍi – Palo en forma de arco decorado que los devotos del Señor Muruga llevan durante el Taipūyam.

Kṛshṇa – Principal encarnación del Señor Vishṇu. Nació en una familia real, pero fue criado por padres adoptivos y vivió como un joven vaquero en Vrindāvan, donde fue amado y adorado por sus devotos compañeros, las gopis y los gopas. Más adelante Kṛshṇa fundó la ciudad de Dvāraka. Fue amigo y consejero de sus primos, los Pāṇḍavas, especialmente de Arjuna, cuyo carro condujo durante la guerra del Mahābhārata, y a quien reveló sus enseñanzas en la Bhagavad Gīta.

Kṛshṇa bhāva – "El Estado Divino de Kṛshṇa", el estado en el que Amma revela su unidad e identidad con el Señor Kṛshṇa.

Kunju – "Pequeña". Algunos devotos llamaban a Amma "Kunju" o "Ammachi-kunju".

Kuṇḍalini Śakti – Poder espiritual, personificado como una serpiente enroscada en el cakra mūlādhāra, un centro psíquico de poder espiritual situado cerca del coxis, en la base de la columna. Durante el proceso del despertar espiritual, la serpiente del poder espiritual asciende por la columna vertebral y finalmente alcanza el cakra sahasrāra o de la coronilla, que se visualiza como un loto de mil pétalos. Entonces es cuando se logra la iluminación espiritual.

Lalita Sahasranāma – Letanía de 1.000 nombres de Sri Lalita Devi, una forma de la Diosa.

Lākh – Cien mil.
Lámpara de Kārtika – Lámpara que se enciende el día de Kārtika.
Līlā – Juego divino.
Māḍan – Semidios parecido a un demonio.
Mahā – Un intensificador. Por ejemplo, un mahājñāni es un gran o ilustre conocedor de la Verdad.
Mahābali – Ver Oṇam.
Mahābhārata – Antigua epopeya india, compuesta por el sabio Vyāsa, que describe la guerra entre el virtuoso clan Pāṇḍava y el malvado clan Kaurava.
Mahātma – Literalmente "gran alma". Utilizado para describir a los que han logrado el conocimiento espiritual supremo.
Malayāḷam –Idioma que se habla en el estado indio de Kerala.
Malayāḷi – Alguien cuya lengua materna es el malayāḷam.
Mānasa Pūja – Adoración mental.
Maṭh – Monasterio hinduista.
Māyā – Engaño cósmico, personificado como una tentadora.
Mīnākshi – Otra forma de la Diosa. Esta forma se halla en un templo de Madurai; por eso se la llama Madurai Mīnākshi.
Moksha – Liberación espiritual.
Moḷ – "Hija" en malayāḷam.
Mon – "Hijo" en malayāḷam.
Mudra – Gesto formado por las manos y los dedos y que tiene un significado místico.
Mūlādhāra Cakra – Ver Kuṇḍalini Śakti.
Muṇḍu – Tela que los hombres se ciñen alrededor de la cintura, utilizada para cubrir la mitad inferior del cuerpo.
Muruga – Hijo del Señor Śiva. Su vehículo divino es el pavo real. También conocido como Subrahmanya.
Nāga – Serpiente. Los templos Nāga contienen dioses serpiente. Los hinduistas adoran a todos los seres como personificaciones de la divinidad.
Om – Sonido primordial del universo; la semilla de la creación.

Oṇam – Fiesta de la cosecha de Kerala. Es una de las fiestas más importantes, y se celebra durante diez días. Está relacionada con la leyenda del encuentro de Mahābali con Vāmana. Mahābali era un gobernante justo y bondadoso cuyo gobierno utópico le granjeó el cariño de todos sus súbditos. Su único defecto era que estaba demasiado orgulloso de su generosidad. Una vez, mientras daba regalos a sus súbditos, un niño brahmán, Vāmana, se le acercó y le pidió el terreno que pudiera recorrer en tres pasos. Viendo su pequeño tamaño, Mahābali aceptó con condescendencia. Vāmana, que en realidad no era otro que el Señor Vishṇu, creció. Con el primer paso, abarcó toda la tierra. Con el segundo, abarcó todas las demás regiones del universo. Como no tenía nada más que ofrecerle, Mahābali le ofreció su cabeza para el tercer paso. Este gesto simboliza la entrega del ego. El Señor Vishṇu lo desterró al mundo inferior y se convirtió en el centinela de la morada de Mahābali. Se dice que en Oṇam Mahābali viene a la tierra para ver cómo les va a sus antiguos súbditos.

Pāda Pūja – Adoración ceremonial de los pies de una persona a la que se honra, normalmente una Guru.

Pancabhūta – Los cinco (panca) elementos (bhūtas) que son la causa material de la creación. Los cinco elementos son ākāś (éter), vāyu (aire), agni (fuego), jalam (agua) y pṛthvi (tierra).

Pancāmṛtam – Pudín dulce hecho con cinco ingredientes.

Pāṇḍavas – Los cinco hijos del rey Pāṇḍu, los héroes del Mahābhārata.

Pappaḍam – Torta delgada y crujiente hecha de harina de garbanzos

Paramahamsa – Santo elevado.

Paramātma – Ser Supremo (Cósmico), el alma superior.

Parameśvara – Literalmente, “el Dios Supremo”, un epíteto del Señor Śiva.

Parāśakti – Poder Supremo, personificado como la Diosa o Emperatriz del Universo.

Pārvati – Consorte del Señor Śiva.

Pāyasam – Pudín dulce.

Prāṇa Śakti – Fuerza vital.

Praṇava – La sílaba mística "Om".

Prārabdha – Los frutos de las acciones de vidas pasadas que se está destinado a experimentar en la vida actual.

Prasād – Ofrenda consagrada, normalmente de comida.

Pūja – Adoración ceremonial.

Pūrṇam / Pūrṇata – Lleno o Entero / Plenitud espiritual.

Pūrvāśram – Literalmente "āśram anterior". Los que han abrazado el camino monástico cortan todos los lazos con la vida que llevaban anteriormente. Se refieren a los miembros de su familia biológica o a la casa donde vivían antes de incorporarse al monasterio como formando parte de su pūrvāśram. Por eso, la "madre del pūrvāśram" significa la madre biológica (a diferencia de la madre espiritual).

Rajas – ver Guṇa.

Ramaṇa Maharshi – Maestro espiritual iluminado (1879 – 1950) que vivió en Tiruvaṇṇāmalai, en Tamil Nāḍu. Aconsejaba la autoindagación como camino hacia la Liberación, aunque aprobaba distintos caminos y prácticas espirituales.

Ṛshi –Visionario o sabio conocedor del Ser que ha percibido mantras durante su meditación.

Sādhana – Prácticas espirituales.

Sādhak – Aspirante o buscador espiritual.

Sahasrāra Cakra – ver Kuṇḍalini Śakti.

Samādhi – Literalmente "la cesación de toda vacilación mental". Unidad con Dios. Un estado transcendental en el que se pierde todo sentido de la identidad individual.

Sankalpa – Resolución, normalmente se utiliza en relación con mahātmas.

Samsāra – Cíclo de nacimientos y muertes.

Sanātana Dharma – Literalmente "la Religión Eterna", el nombre original del hinduismo.

Sanyāsi – Monje que ha realizado votos formales de renuncia (sanyāsa). Tradicionalmente lleva ropa de color ocre, que representa la quema de todos los deseos.

Satguru – Literalmente "maestro verdadero". Alguien que, mientras sigue experimentando la dicha del Ser, elige bajar al nivel de las personas corrientes para ayudarlas a crecer espiritualmente.

Satva – Ver Guṇa.

Satya Yuga – Ver Yuga.

Seva – Servicio desinteresado.

Sevak – Alguien que realiza seva. Trabajador voluntario.

Śiva – El Señor de la Destrucción en la Trinidad hinduista.

Svapna Darśan – Visitación divina en un sueño.

Taipūyam – Día de pūyam (pushyam), el octavo asterismo lunar, en el mes de Tai (mitad de enero a mitad de febrero). Este día se dedica tradicionalmente al Señor Muruga. Quienes han hecho los votos llevan un kāvaḍi, adornado con plumas de pavo real, para propiciar a Muruga. Muchos portadores del kāvaḍi bailan. Algunos se perforan el cuerpo con lanzas o tridentes. Algunos, como parte de su voto, caminan sobre carbones encendidos.

Tamas – Ver Guṇa.

Tapas – Penitencias o prácticas ascéticas espirituales.

Tejas – Esplendor espiritual.

Tīrtham – Agua consagrada.

Trikāla jñāni – Epíteto de un ser iluminado que sabe todo del pasado, el presente y el futuro, es decir, de los tres marcos temporales.

Tuḷasi – Albahaca sagrada o dulce (Ocimum sanctum).

Upanishad – Partes de los Vedas que tratan sobre la filosofía del no dualismo.

Upavāsa – Literalmente "vivir cerca" (del Señor). A menudo se utiliza figuradamente para referirse al ayuno.

Vaḷḷickāvu – Lugar donde está situado el āśram de Amritapuri. A veces llaman a Amma "Amma de Vaḷḷickāvu".

Vaikuṇṭha – Morada del Señor Vishṇu. Se utiliza a veces figuradamente para referirse al cielo.

Vāsana – Tendencias latentes o deseos sutiles que hay en la mente y que se manifiestan como acciones y hábitos.

Vāstu śāstra – Ciencia india que estudia el posicionamiento de los objetos para aprovechar el flujo de energía positiva y desviar la energía negativa. Parecido al Feng Shui.

Vedas – Los Vedas son las más antiguas de todas las escrituras y no fueron compuestos por ningún autor humano sino "revelados" en meditación profunda a los antiguos ṛshis. Los mantras que forman los Vedas han existido siempre en la naturaleza en forma de vibraciones sutiles. Los ṛshis lograban un estado tan profundo de absorción que eran capaces de percibir estos mantras.

Vīṇa – Instrumento indio tradicional de cuerda.

Vishṇu – Señor de la Conservación en la Trinidad hinduista.

Vriścika – Cuarto mes del calendario malayāḷam.

Yajña – Sacrificio, en el sentido de ofrecer algo en el culto.

Yakshi – Semidiosa.

Yama – Señor de la Muerte.

Yoga / Yogi – "Yoga" significa unión con el ser supremo. Un yogi es alguien que ha alcanzado esa unión o que está en el camino que lleva a esa unidad transcendental.

Yoga Vāśishṭha – Recopilación de enseñanzas del sabio Vaśishṭha, el Guru del Señor Rāma, que es una de las encarnaciones de Vishṇu. Un antiguo texto que trata sobre la filosofía de la no dualidad por medio de historias.

Yuga – Edad o época. Según la cosmología hinduista, la existencia del universo (desde su origen hasta su disolución) se caracteriza por cuatro edades. La primera es el Satya Yuga, durante el cual el dharma o el satya (la verdad) reina en la sociedad. Cada edad ve el declive progresivo del dharma. La segunda edad se llama Treta Yuga, la tercera Dvāpara Yuga y la cuarta, la edad actual, se llama Kali Yuga.

www.ingramcontent.com/pod-product-compliance
Lightning Source LLC
LaVergne TN
LVHW050044090426
835510LV00043B/2874
* 9 7 8 1 6 8 0 3 7 6 9 2 0 *